解决男孩的成长烦恼 >>

一定要告诉儿子的那些事

闫晗 著

天津出版传媒集团

天津科学技术出版社

♥ 想轻松阅读,逐步掌握正确的家教理念?
♥ 还是省时高效,快速掌握家庭管教的技巧?
♥ 或是深入钻研,系统提升家庭教育质量?

微信扫码,免费获取专属于你的本书阅读服务方案

图书在版编目(CIP)数据

一定要告诉儿子的那些事 / 闫晗著. -- 天津 : 天津科学技术出版社, 2020.4

ISBN 978-7-5576-7524-0

Ⅰ.①一… Ⅱ.①闫… Ⅲ.①男性—青春期—家庭教育 Ⅳ.① G782

中国版本图书馆 CIP 数据核字(2020)第 046405 号

一定要告诉儿子的那些事
YIDING YAO GAOSU ERZI DE NAXIE SHI

策 划 人:杨　譞
责任编辑:刘丽燕
责任印制:兰　毅
出　　版:天津出版传媒集团
　　　　　天津科学技术出版社
地　　址:天津市西康路 35 号
邮　　编:300051
电　　话:(022)23332490
网　　址:www.tjkjcbs.com.cn
发　　行:新华书店经销
印　　刷:北京德富泰印务有限公司

开本 880×1 230　1/32　印张 8　字数 180 000
2020 年 4 月第 1 版第 1 次印刷
定价:36.00 元

前言 PREFACE

身为男孩父母，无不希望自己能拥有像老鹰一样苍劲有力的翅膀，永远把宝贝保护在自己的身旁，不想让其经受挫折和伤害吧？然而，在人生的各个阶段，他会遇到各种各样的问题、困难和挫折，他终究要长大，要学会自制和思考，学会自强自立，学会和其他人更好地相处，交到良师益友，积极地融入这个社会大群体里。

在儿子慢慢成长的过程中，作为父母，要怎样才能让他懂得你对他的爱和支持，怎样才能教会他以男人的方式，更坚强、睿智地面对未来的挑战呢？你是否在担心自己表达不清，或是教育方法不对呢？有很多道理和事实，做父母的一定要让他们明白。父母应随时更新自己的教育观念，教会儿子正确地面对成长，学会安排自己的生活，以便将来能独立面对人生，担当起家庭、社会的重任。

优秀男孩不是天生的，父母的教育决定了男孩的未来，出色的男孩是优质教育的结果。但在现实生活中，有些父母一味地关注男孩的智力和学业，却忽略了男孩自身的特性和潜能，忽略了男孩其他素质的培养。其实，优秀的男孩不只是成绩优异，他们更应该机智勇敢、乐观自信、品质卓越、自立自强、有才学、有责任感、有爱心、有风度……而这些并不是单靠学习课本知识和特长培训就能够造就的。

家庭是男孩人生中的第一所学校，父母是第一任老师，父母的谆谆教导，对男孩的智力、性格、习惯、心态、能力、品德等的培育有着重大影响。男孩将来会成为什么样的人，建立怎样的事业，掌握多少财富，成就怎样的人生，都离不开父母的教导。因此，你要想给男孩一个灿烂的明天，就要用心培育他。

本书结合男孩的心理特征和成长规律，从不同角度出发，为父母们提供了一整套成功教子方案，使父母们把握教育的正确方向和科学性，真正教到点子上。书中分析了男孩与女孩的不同之处、男孩天性中的优缺点，全面介绍男孩的性格、品质、智商、情商等各个方面的培养，指导父母教出最棒的男孩。融合国际著名教育家如卡尔·威特、蒙台梭利等的教育理念，有效解决了那些令男孩父母头疼的难题。掌握了这些方法和技巧，并用爱心、耐心去培养自己的儿子，他必将朝着你所期望的方向发展，成为优秀的未来主人翁。

目录
CONTENTS

第一章
给身为男孩的你

青春期有早有晚无须担忧 ……. 2

青春期长个子也有早晚 ……. 4

防止出现青春期肥胖 ……. 7

不要太在意目前"小弟弟"的大小 ……. 10

男生都会经历变声期 ……. 12

正确认识喉结 ……. 15

汗臭味没什么大不了 ……. 17

青春痘不能随便挤 ……. 19

不做"豆芽菜" ……. 20

遗精是正常生理现象 ……. 23

性自慰不是罪恶 ……. 27

第二章
给遭遇成长烦恼的你

越在意越容易结巴 30
别一味排斥父母的管教 32
你所谓的"自由"很多是错的 34
拒绝盲目染发 36
用文身纪念青春后果很严重 38
奇装异服不是帅 41
学会接纳不同个性的同学 43
以一颗平常心对待同学间的竞争 46
把握友情与恋情的尺度 50
从单恋的幻影中走出来 51
性行为不可轻易尝试 55

第三章
给需要帮助保护的你

游戏上瘾很严重 60
小心网络诈骗的陷阱 62
不要在网上随意交友 65
远离赌博 68
别被网络黄毒毁了 71
树立正确的金钱观 73
保护好你的眼睛 77
学会打求救电话 79
了解溺水自救常识 81
野外遇险知道如何发求救信号 84
遇到绑架随机应变 86
警惕搭话的陌生人 89
遇到劫匪学会正确应对 90

第四章

给努力求学求知的你

读书是为了你自己 ……… 94

用心读书是人生的责任 ……… 96

课上紧张,课下才能轻松 ……… 99

学习拓展生命的宽度 ……… 104

多与同学交流学习经验 ……… 107

找到适合自己的学习方法 ……… 110

将学到的知识系统化 ……… 113

学会有趣的记忆法 ……… 117

做善于利用时间的人 ……… 121

根据生物钟安排学习计划 ……… 123

充分利用假期给自己充电 ……… 127

第五章

给渴望完美的你

跟名人学做读书笔记 132

为自己列一个课外阅读书单 133

欣赏国画，了解传统文化 135

放开歌喉，唱出心声 136

做个聪慧的小棋手 139

挥洒翰墨，写意人生 141

用画笔激扬青春 144

用礼仪获取他人的好感 146

学习待人接物的技巧 149

制订"删除坏习惯"的计划 151

每天自省5分钟 155

做事追求完美，但不苛求 158

第六章
给终将步入社会的你

正确面对失败 162

努力适应新环境 165

为生活减负，让自己轻松 168

遵循本性生活 170

忍耐，是走入社会的通行证 173

懂得让步是一种修养 176

做一个善于倾听者 179

多与优秀的人交朋友 181

设身处地为他人着想 185

正确对待他人的批评、忠告 188

找到浮躁的根源 190

锻炼当众发言的能力 193

说话要注意对象 196

享受不断超越的过程 200

第七章
给未来男子汉的你

男子汉拒绝邋遢 204

要壮不要胖 208

锤炼一双勤劳的手 210

培养果敢的性格 213

不做孤独的男孩 216

从干家务活中培养自理能力 219

做个幽默的男孩 221

守护你做人的尊严 224

把握善良的分寸 226

理解责任的真意 228

做生活的勇者 231

为自己种下诚实的种子 234

保持谦逊 236

做个有自控力的男孩 238

第一章

给身为男孩的你

青春期有早有晚无须担忧

刘强是个多才多艺的学生，不光美术拿过奖，从小学三年级开始，就进入了少年合唱团，还成了合唱团的队长。可是现在已经上初中的刘强，觉得当合唱团队长领着大家唱歌，是很没面子的事情。因为进入初中后，合唱团里的人因为青春期变声，开始陆陆续续地离开合唱团了。而刘强不但声音一直没变，就是个子也没长多少。有时新来的小学生一不小心还会喊他同学，而不是哥哥。

为此刘强跑到音乐老师那里，请求退出合唱团。老师因为熟悉的学生越来越少，人手不够，希望刘强能再帮他一段时间，刘强也只能罢休了。可是每次在学校见到从前在一起的队员时，都会觉得不好意思。那些从前的队友每次见到他都会羡慕地说："刘强，你真幸福，我现在想回去都不行。"这话刘强听了觉得刺耳，也没办法，只好笑笑，真是有苦说不出。

有时，刘强看到那些嘴唇上已经有些淡淡茸毛的男生，觉得好羡慕。虽然不好看，可是那是变成男子汉的象征呀。刘强很担心，怕自己长不高，长不大。他把自己的心事告诉了好朋友。他的好朋友的妈妈正好是医生，知道刘强的苦恼后，便约他到家里玩。

　　刘强和好朋友在院子里玩，好朋友的妈妈走过来，指着院子里的一丛月季花说："刘强，你看这些花蕾有的大有的小，你知道哪个花苞会开得最漂亮吗？"刘强摇摇头问："您知道吗，阿姨？""我也不知道。不过我知道它们都在努力让自己健康成长，努力让自己开得最美。"刘强好像明白了什么。

给男孩的悄悄话

　　男孩也许会发现，有的同学青春期来得比较早，在别的孩子还没有进入青春期时，他就已经长出了小胡子；而有的同学青春期又来得晚些，别的孩子都变声了，他还保持着童音。

　　科学研究得出，青春期是指性器官发育成熟、出现第二性征的年龄阶段。世界卫生组织将青春期定为10～20岁。在中国青春期一般是指11～17岁。但是，具体到每个孩子，青春期又有着"个体差异"，就是说每个同学的青春期有着迟早快慢的差异。相关资料表明，青春期的早晚快慢受遗传、营养、生活习惯、情绪及周围环境等因素的影响。

　　医学上将青春期发育的早晚归为不同的发育类型。一般来说，分为早熟型、均衡型和晚熟型。早熟型的孩子青春期开始最早，八九岁就进入了青春期；均衡型一般是12～16岁进入青春期；而晚熟型在14～15岁才进入青春期。

　　所以，不同的发育类型直接关系着青春期的早晚，青春期的早晚没有优劣之分，不过会带来身材的千差万别，不是影响健康的因素，不需要有此方面的担忧。至于有些孩子在很晚的时候，第二性征还迟迟不发育的，就需要进行咨询和治疗了。

青春期长个子也有早晚

体育课上，陈老师点完名后不动声色地把花名册放在一旁，一边看体委带着同学们做准备活动，一边想陆欢又请病假的事儿。陆欢是个开朗大方的学生，不光成绩好，其他方面也很优秀，各科老师都很喜欢他，陈老师也不例外。以前体育课上，陆欢一直很积极，喜欢各种运动，从来没有请假或旷课，可是最近陆欢几乎不上体育课了，这个学期的体育课，陆欢几乎都请了病假，这让陈老师很不满，难道他的体育课就不是课了，一个星期才一节，好好学习也不差这点时间。

下课后，陈老师顺路走过三班教室，向里望了望，看见陆欢正在认真做习题，陈老师皱了皱眉，轻轻走过去敲了敲陆欢的桌子，"陆欢，哪里不舒服了，又没去上体育课，学习很忙吗？"陆欢看见陈老师突然站在自己面前，惊慌地站起来："陈老师，对不起，我昨天把脚扭了。""哦，是吗？"看着陈老师有些不满地离开了，陆欢很难过，知道自己这样做太过分了。

快放学的时候，班主任通知大家明天要体检，告诉大家很多注意事项。陆欢低着头，一边听一边想事情。班主任通知完大家后，对陆欢说："陆欢,到我办公室来一下。"陆欢低下头没说什么,跟着班主任进了办公室。

"陆欢,老师知道你是个爱学习的好学生,这些值得表扬,但除了学习好,其他方面也很重要。听陈老师说,你最近体育课一直在请假,是不是因为学习呀?以后不能这样子了,体育除了能锻炼身体,还能锻炼人的意志,这也是需要好好学习的呀,应该更重视才对,你说对不对?"陆欢看着班主任没说话点了点头。

第二天,早晨8点钟开始体检,直到下午5点快要结束时,都没见到陆欢的人影,老师很着急,给陆欢的妈妈打电话,陆欢的妈妈说陆欢没在家,去上学了,大家一听就急了,分头找,最后在体育用品室找到了他。在老师的询问下,陆欢说出了原因。

原来陆欢一直为自己的身高烦恼,他不上体育课,是因为每次体育课排队时,他都站在最前面,是个头最矮的一个。为此,家里给他买了好多增高的补品,想了好多办法都不管用,这让陆欢很烦恼,慢慢有些自卑。这次体检,他想等大家都走了再去,免得量身高时被同学取笑。老师带着陆欢去问体检的医生,医生一听笑了,说:"要想长高,就更应该好好锻炼身体、上好体育课呀。别担心,你们现在都还小,好好锻炼,都会长成大个子的。"大家一听都笑了,陆欢也不好意思地笑了。

给男孩的悄悄话

一群年龄相当的中学生,有的个子要比其他人高很多,而有个别的要矮很多,这是为什么呢?是长得早就会长得高,还是长得晚才长得高呢?这是个困惑许多学生的问题,他们往往担心长个子早晚对自己最终身高的影响。

医学研究表明,影响身高的因素有很多,遗传、营养和运动等都会影响到中学生的身高。在这些因素都相当的情况下,还有每个同学的体质不同,长个子的时间也会不同。长个早晚并不会决定身高的最终高度。个子长得过早的孩子要警惕性早熟。性早熟是性激素释放异常引起的,这样会导致孩子身高早期发育快,后期身高发育迟滞。

青春期无疑是身高发展的重要时期,在此期间为了给身高增长提供一个优越的条件,男孩们要合理安排自己的生活,从饮食、睡眠、运动等各个方面都加以注意,才不至于错过身高增长的最佳时期。

每个人的身高发育时段都不同。青春期时,每个人最先发育的部位也不一致,生殖器、体毛、身高等的发育会呈现不同的顺序,因人而异。所以,长个早晚不重要,重要的是为长个做好各方面的准备,提供各种有利于长个的条件。

男孩们也许发现了,那些喜欢户外运动的同学个子会比不爱运动的同学高,这是有科学道理的。经常参加体育运动的男孩身高普遍要高于不运动者。所以,在学校里经常参加单杠、弹跳、游泳、吊环、自由体操、打篮球和引体向上等运动,对长个子很有帮助。

防止出现青春期肥胖

四班班主任刘老师刚走进办公室,班长就急急忙忙跑进来,说:"刘老师,你快去看看吧,夏威和杨涛打起来了!"刘老师一听,赶紧放下课本跟班长去了教室。

夏威和杨涛已经被大家拉开了,不过两个人还不罢休,刘老师很生气,"还打!都跟我去办公室!"夏威杨涛看到班主任来了,都不敢再动,乖乖跟着班主任去办公室了。

"为什么打架?"

"杨涛给我起外号,叫我'胖墩'!"

"那也不能跟同学打架!"

"他还偷拿我的减肥药,丢给同学看,取笑我。"

"是不是,杨涛?"

"我没取笑他,只是跟他开玩笑的。减肥药有什么,看看怎么啦?"

听了杨涛的话,夏威很气愤,差点哭出来。刘老师还有事情,看两个人都不认错,只好让他俩先回去反省写检查。夏威很委屈,想自己因为胖被同学开玩笑,老师不但不理解还罚自己写检查。

回到家后,妈妈又做了很多好吃的。夏威看了看饭菜,跟妈妈说不想吃,就回房间做作业去了。妈妈很纳闷,晚饭后,又端来水果点心给夏威。夏威生气地让妈妈把水果点心端走，他下决心，一定要减肥。可是过了一段时间就坚持不住生病了，妈妈带夏威去看医生。医生听了夏威的烦恼后，对夏威说："这样不但不能减肥，还会伤身体。你现在正是身体发育的时候，节食会让身体发育不良。以后应该多锻炼才对，饮食要规律，少吃热量很高又没营养的东西。"

回家后，夏威按照医生的话，给自己制订了一个减肥计划，每天跑步，吃饭休息很规律，不再买大堆的高热量零食。一个暑假过完后，同学都说夏威瘦了好多，人也精神自信了。班上其他几个胖胖的同学不停地问他怎么做到的。他把自己的计划告诉大家后，大家都说要跟夏威一起做，让夏威做他们的小队长，监督他们，夏威高兴极了。班主任听到这件事，还在班上表扬了夏威，说他克服困难的精神值得所有同学学习。

给男孩的悄悄话

细心的男孩会发现，班里的同学肥胖率很高，在街上、学校和很多孩子常去的场合，也经常见到肥胖的孩子，其他孩子会因为好玩送给这些孩子一个叫作"小胖墩儿"的绰号，这给肥胖的孩子带来不小的心理负担。到底是什么原因导致青春期肥胖呢？科学研究表明，引起肥胖的原因很多，而青春期的孩子肥胖主要由遗传、饮食不合理、运动少、情绪不稳定等原因造成的。

若要告别青春期肥胖得从原因找起。专家认为，引起青春期肥胖的原因主要有以下几个方面：首先，遗传因素会造成肥胖。如果父母都胖的话，那么孩子胖的概率是非常高的，但科学研究表明，遗传不是形成肥胖的主要原因。专家认为引起肥胖的主要原因是饮食不合理、缺乏体育锻炼、青春期情绪波动大等。

我们经常发现，很多父母并不胖，孩子却很胖。如果仔细观察，你会发现这样的孩子一般都是手里零食不断。现在人们的物质生活水平提高了，一日三餐中的营养基本就能满足需要了，而面对青春期的孩子，父母又会为了让孩子长身体，源源不断地提供高营养、高热量的食物。此时孩子的食欲又很旺盛，所以，对父母提供的美食，会不加节制地吃。这样，人体所需的营养严重过剩时，就会转化为脂肪在体内堆积，就会造成肥胖。

青春期的孩子学习压力很大，体育锻炼对青春期的男孩来说更是重要，但是现实是除了吃饭睡觉外，一般都会坐在教室里读书，就连每周的体育课也因怕耽误学习懒得上，专门去健身的可能性更是很小了，身体多余的热量也就会转化成脂肪堆积，形成肥胖。

情绪的不稳定也会导致肥胖。很多男孩，在青春期，由于要适应身体第二性征的出现，还要承受家长、老师的期望，情绪波动很大。情绪不稳定就会出现暴饮暴食的情况，为了缓解情绪很多人会不加节制地吃零食，这样也会增加肥胖的概率。

导致青春期肥胖的原因很多，青春期男孩正是长身体的时候，要适当控制一下体重，多锻炼身体，为好好学习做好身体的保证。

不要太在意目前"小弟弟"的大小

李明是个奇怪的男孩,他从不和大家一起洗澡,就算是夏天热得受不了的时候,男孩子们跳进河里,打水仗嬉戏玩耍,李明也是躲在岸上,不肯下水。

开始男孩子们还会叫李明,时间一久,大家也就渐渐遗忘了李明的存在。李明的妈妈看在眼里,很是担忧,她害怕李明有忧郁症,不合群。

于是,她和李明爸爸说了李明的情况,李明爸爸是个内科医生,平时工作很忙,不常关心儿子。听说儿子最近表现得很抑郁,他很是担心。

这天,他故意提早下班,在李明放学路上等着李明。"爸爸,你怎么来接我了?"看到忙碌的爸爸专门来学校等他,李明很是吃惊。

爸爸笑着搂住李明的肩膀,"咱们父子俩好久没一起散散步了,爸爸来接你正好和你散散步,谈谈心。"

在散步的途中,爸爸知道了李明忧郁的原因,原来,李明有一次洗澡,一个男孩无意嘲笑李明的"小弟弟"小,李明不服气,于是,澡堂里几个男孩子就纷纷比了起来,果然,李明是最小的。

这给李明带来了不小的打击,从此后他便拒绝和男孩子们一起洗澡,玩耍,他害怕遭到嘲笑。

"爸爸,我是不是有什么病啊。"李明终于将内心的担忧问出。

爸爸哈哈大笑,"你还小,发育还没完全,等你长大了,就不会存在这个问题了。"

给男孩的悄悄话

进入青春期的男孩子,会对自己的身体,特别是性器官有个初步的认识,但是有时会存在这一些误解。很多男孩子在一起比较阴茎的大小,比别人的大了就会很高兴,比别人的小的男孩就会产生自卑感。其实,男孩子们对阴茎的大小不用这么在意,到底是多大为大,多小算是小不能武断定义。在现实生活里,阴茎的大小是不会影响夫妻生活的。所以,阴茎比别人小的男孩,不必为此担忧。

男孩在青春期,会把阴茎的大小看成自己未来生命力的标志,最容易忧虑阴茎的大小。为什么男孩一般会认为阴茎大了好呢?因为男孩误把阴茎的大小等价于自身的性能力。其实,认为阴茎大性能力就强是不科学的。

青春期的男孩必须明白阴茎的大小不影响性能力,因为自己的"小弟弟"比别人的小而自卑是没有必要的。男孩要摒弃那种错误的认识,拒绝受某些广告与偏见的影响。摆正自己的心态,因为,男子汉的气概是多方面的综合气质,提升自己的人格修养,增加自己的学识才是最重要的。

再说了,处于青春期的男孩,阴茎正是迅速发育的时候,有的增长得较早,有的可能会晚些,所以,不必过早在意。

男生都会经历变声期

韩冲是一个初二的男生,已经开始身体发育的他比同班的其他男生都高了半头还要多,他一直都是班里的活跃分子,什么歌咏比赛、朗诵会都积极参加,还因为自己清脆的嗓音一度想等到高考时考取播音主持专业,成为一名新闻联播的主持人呢。

但是自从寒假过后,大家眼里活跃的韩冲开始变得沉默,他不爱参加集体活动了,也不爱和同学们一起玩,总是在自己的座位上低着头忙忙碌碌,而且好像不太开心的样子。

有时候说句话,也不是清脆的声音了,而是有点瓮声瓮气的,班里的同学关心地问他是不是感冒了,他摇摇头,但是也不说什么。

韩冲究竟怎么了?班主任李老师也注意到了韩冲的变化。有着多年班主任工作经验的李老师抽了一个自习课的时间,把韩冲约到了操场上。

"小伙子,这次学校的朗诵比赛怎么没有报名呀?"

"恩,恩,我不太想去,我,我……"他吞吞吐吐,也没有说明白自己为啥不想去。

李老师耐心地看着他,听着他瓮声瓮气的回答,微笑着说:"是不是觉得自己声音不如以前好听啦?"

韩冲本来低着头,看着自己的鞋子,突然抬起头,跟老师说:

"是呀，我的嗓子突然毁了，天天哑，开始以为感冒了，后来一直这样。说起话来就跟鸭子叫一样，别的同学都问我是不是嗓子不舒服，我一听到自己这么难听的声音，就再也不想说话了，怎么能参加朗诵比赛呢？还不够丢人呢！"说到最后的时候，他的眼睛里已经闪出泪花。韩冲为了嗓子的事情已经苦恼了好久了，经李老师这么一问，禁不住难受，都快要掉下眼泪了。

李老师耐心地给他讲解了青春期男孩发育时候关于变声的问题，李老师的话为他解开了心中的困惑，他的脸上重新绽放了笑容，李老师看着他雀跃的背影，由衷地笑了。这些青春期的孩子们……

给男孩的悄悄话

相信很多男孩子经历过这样的苦闷，那就是自己的金嗓子在不知不觉中变成了公鸭嗓，还有可能曾经被女孩起过"破嗓子""唐老鸭"这样的绰号，还真是郁闷。"为什么我变她不变？为什么自己有种沙哑带磁性的感觉？"要想解决这些疑问，就有必要来了解男孩子的"变声"这一生理现象。

变声指的是人的声音由童音变为成人声音的过程，这是人成长成熟的一个必经阶段，不仅是男孩，女孩也会经历一个变声的过程，只不过女孩子变声不如男孩子明显罢了。那么进入青春期后声音为什么会变呢？这是因为人的声音主要是由声带的震动引起的，而声带的震动又与喉头的发育直接相关。进入青春期之后，由于雄性激素的分泌增多，会刺激男孩子喉头的快速发育，喉头逐渐变得突出，形成男性特有的喉结。与此同时，声带也跟着增长、增宽和增厚，这样经由声带的震动而发出的声音就逐渐变得低沉，由此，男孩子曾经细而高的童声就逐渐被粗而低沉且略带磁性的音质所代替。这也就是所谓的青春期变声。变声是青春期十分正常的生理现象，男孩子没有必要为自己好嗓子的丧失而悲伤。

青少年一般会在14～16岁进入变声期，变声期一般会持续半年或一年，而这一时期的嗓子最容易受到损伤，所以，处于变声期的男孩一定要学会科学合理地使用并保护嗓子，不要让它太劳累，同时在食物的摄入方面要注意以下几点：

1.平时多吃些富含胶原蛋白和弹性蛋白质的食物,如猪蹄、猪皮、蹄筋、鱼类、豆类、海产品等。因为这些胶原蛋白和弹性蛋白质有利于发声器官的发育。

2.主食及副食要吃些软质、精细的食物,炒花生仁、爆米花、锅巴、坚果类及油炸类硬且干燥的食物尽量不吃或少吃，这样能够最大限度地减少对喉咙造成的损伤。

3.平时尽量少吃辛酸苦辣的刺激性食物，不要喝过冷或过热的水，这些都会刺激声带。忌烟酒。

4.吃饭时要细嚼慢咽，防止食物中可能存在的砂粒、鱼骨等刺伤咽喉部的组织。

5.平时不要大声嘶叫，不要长时间地大声说话。

变声期对进入青少年时期的男性来说是一个很特殊的时期，声音正在经历童声的柔和向成人低沉的转变阶段，这一时期的声带也显得极为敏感，需要特殊的呵护。同时，不要被变了的音质吓到，这是男性的正常生理变化，是男孩子摆脱稚嫩走向成人的一个中转站。所以,处于这一时期的男孩子,没有必要害羞或是焦虑,需要的是细心,这样才能帮助自己成功度过变声期,为自己以后的健康音质打下基础。相信这也是每个男孩子所期望的。

正确认识喉结

"呦,这小姑娘,长得真俊,就好像个假小子一样。"居委会大妈拍着李威的头,爱怜地说道。

"大妈,我就是个小子。"

李威的话让居委会大妈大吃一惊,赶忙道歉:"真是不好意思,我还以为你是个姑娘呢。"大妈仔细端详着李威:"原来真是个小子,这事闹的,喉结怎么不明显啊?"

居委会大妈的疑惑不是李威第一次听到了,他总被人误以为是中性打扮的小姑娘,就是因为他的喉结不突出。

可是喉结不突出就不是男生了吗?李威常照着镜子,看着镜子里的自己,除了喉结不突出之外,其余地方都很男人嘛。

但是李威还是有着隐隐的担忧,他观察周围的男同学,和自己同龄的人,喉结大部分都已经很突出了。就算是比自己小的男孩,喉结有的也比自己的要大。那为什么自己的喉结就会这么小,以至于被人误认为是个"假小子"呢?

给男孩的悄悄话

喉结是青春期男孩的一个标志,突出的喉结,是男性的性征之一。由于雄性激素的作用,喉结向前突出,但是突出程度是因人而异的。在学校里,男孩会感觉喉结明显的人很男人,但是喉结不明显是什么原因呢?喉结不明显的学生会质疑自己是否是真正的男人,这样的想法值得商榷。

医学专家根据临床经验,得出这样的结论:喉结的不明显对男性并无任何实质性的影响。并且,还发现喉结不明显的人很多是非常健壮的运动员。他们肌体发达,无任何异常表现。

究竟是什么原因导致有的人喉结不明显呢,通过调查发现,这些喉结小的男孩一般喜欢大运动量的训练,消耗掉了很多雄性激素,从而使喉结未能突出。有着过早手淫的男孩的喉结也会看起来不明显,因为手淫也让他们消耗掉很多雄性激素。此外,偏胖的男孩的喉结也会不明显,这个原因就不具体阐述了。

目前,有些医生已不把喉结的明显与否和第二性征的健康联系到一起了。至于,男孩们会认为喉结明显就很男人,喉结不明显男人味就会少些,也是没有道理的。因为,研究发现,喉结的明显与否和睾丸及阴茎的发育没有直接的联系。而男孩的性成熟,主要取决于睾丸和阴茎的发育程度。有些男孩喉结基本上看不出来向外突出,但是其他性器官发育得非常好就是这个道理。因此,喉结不明显也不一定不是"男人"。

汗臭味没什么大不了

成军是个热爱运动的男生，上了初中后，他加入了校篮球队，校足球队，校羽毛球队。每天都活跃在操场上，挥汗如雨。

本来，男孩子喜欢运动这是好事，可以锻炼身体，强健体格。但是成军渐渐发现，自己开始被同学们疏远，他不明白这是为什么。

有一天，他打球回来，满头大汗地坐到座位上，同桌捂着鼻子，一脸厌恶地看了他一眼，把凳子往另一边移了移。

"你怎么了？不舒服吗？"成军关心地凑了上去。

"没，没什么。"同学嘴上虽然这么说着，但还是躲着成军。

摸不着头脑的成军闷闷不乐地打开书本，放学后，成军走在回家的路上，遇到了之前的邻居小伟，二人亲热地打着招呼。小伟刚运动完，一头大汗，成军闻到小伟身上的汗臭味："你这汗臭味太重了啊，得赶紧洗澡去。"

小伟哈哈大笑："你还笑话我，你运动完，比我还严重呢，你忘记了？"

小伟的话提醒了成军，他忽然明白过来同学们的反应是怎么回事了，原来是嫌弃自己身上的汗臭味。

"谢谢，谢谢，我终于知道了。"成军向一脸莫名其妙的小伟道谢后就跑回家了，困扰他很久的心结终于解开了。

给男孩的悄悄话

　　随着青春期的到来,男孩迎来了人生的转折,有许多惊喜不断出现,但是也会出现一些让人烦恼的事情。有的男孩会发现自己身上开始有一种很难闻的汗臭味,特别是那些爱运动的男孩子,就会觉得很自卑,怕给别人带去不舒服,不敢和别人走得太近。很多男孩还会认为这是一种不会影响身体健康但又挥之不去的病。

　　到底这可恶的汗臭味是什么原因造成的呢?根据医生的解释,青春期的汗臭是一种正常现象,不是什么病症,它主要是由于青春期的孩子腺体分泌旺盛,大汗腺分泌增加,就会出大量的汗液。大汗腺主要分部在腋窝等处,不便于立即清洗的地方,这些汗液分泌多的部位,就会有大量的细菌在这里繁殖。而细菌则会把汗液分泌物分解成不饱和的脂肪酸和氨就会散发出难闻的汗臭味。

　　一般来说,出汗对身体是很有好处的。它是人体正常的新陈代谢,可以把废物带出体外,还可以调节体温,是机体的一种体液调节。由上文可以看出,汗臭味并不是有出汗多直接引起的,汗液不会散发出臭味。其实,只要多注意个人卫生,及时清洗汗液分泌多的地方就会减少汗臭味。

　　青春期的学生正是爱美的时候,觉得汗臭味让人不喜欢自己,这种心态也是正常的。但是,不能为此就不去运动,人为地减少出汗或抑制出汗,这种做法是不科学的。下面给出几个减轻汗臭味的方法,以供参考。

　　1.锻炼汗腺:专家指出锻炼汗腺对消除汗臭味有帮助。在闷热的时期,人坐在水温43~44℃的浴池里,腰部以下浸在水里,10多分钟后,等汗液从胸、腹、背部流出后再洗澡,最后再喝些姜汤补充水分。

2.勤洗澡,不让汗液在身上停留时间过长。汗液停留在身上就会滋生细菌,分解出难闻的气味,在运动后要及时洗澡,不让细菌滋生,就会减少汗臭味。

总之,只要我们多注意些个人卫生,不让细菌在身体上大量繁殖,汗臭就不会成为男孩的困扰的。

青春痘不能随便挤

陈英青一到青春期,从额头到下巴层出不穷地冒痘痘。他按照老爸传授的经验认真洗脸,一周过去之后,脸上的那些痘眼看就要"退隐",陈英青大喜过望。谁知,今天早上起来一照镜子,哎,新一代的痘痘"重出江湖",呈饱满圆润状。

这回陈英青真有些气急败坏了,这么细心地照顾这张脸,痘痘倒长得更嚣张了。他决定要下狠手挤掉它们。

轻轻一挤,发现有一小颗白色的像豆腐渣一样的东西被挤出来。随后还有很多透明的液体被挤了出来,这样,脸上的小痘痘变平坦了。

陈英青暗自窃喜,原来祛痘有这样立竿见影的方法啊!

不过,结果并不是像他想象得那样好。虽然痘被挤掉了,但是有一个和痘痘大小相同的疤痕留在脸上,一样很难看。

陈英青十分无奈。

给男孩的悄悄话

像陈英青那样把痘痘挤掉实在不是聪明的做法。

通过"挤"的方法,可以使痘痘看起来小很多。但是不知道你注意过吗?挤过的痘痘,会在挤掉的地方出现一个小孔,为细菌的进入提供了捷径。双手通常都有细菌,空气中也有很多的灰尘和污染物。手上和空气中的细菌可以轻而易举地进入这些小孔,造成面部皮肤的感染,不仅不能达到祛痘的效果,还会使痘痘变得更红、更肿,严重的时候甚至会化脓,即便是伤口恢复后也常常会留下褐色的疤痕。

所以,挤痘实在是一件很危险的事情。

有不少成年人在年轻的时候长过痘,一些人很在意自己的"面子",生怕别人看到他脸上的痘痘,所以经常用手去挤。这样做不仅使挤破的地方发炎,甚至还会落下一个个小痘疤,更影响脸部的美观。所以,青春期男孩千万要管住自己的手,不要去挤压脸上的痘。

不做"豆芽菜"

江江是个瘦弱的男生,从小体弱多病的他是父母的一块心病。每次妈妈带江江出去,邻居们都会说:"江江这孩子太瘦了,得多加强营养才行。"

江江妈妈总是给江江买许多鸡鸭鱼肉,但是江江却不喜欢这个,不喜欢那个,挑食不说,一不高兴了还什么都不吃,不论妈妈怎么劝都不听。

升了初中，男孩子们正是长身体的时候，原本许多跟江江体格差不多的男孩子，仿佛一夜之间就长大了似的，嗖嗖地往高长。

体育课是江江最不愿意上的课，每次看到同学们在篮球场上，足球场上飞奔的时候，江江就很羡慕。但是他一上场，男生们都会起哄地叫他"豆芽菜"。有些喜欢恶作剧的男生还会故意推他，绊他。

体育老师也总是捏着江江的小胳膊，说："你这样哪像个男子汉呢！"

江江做梦都想长高长壮，能够和其他男孩子一样奔驰在球场上。可是每每照镜子，江江都只能看到一个又瘦又小的小矮子。这样的形象让江江变得越来越自卑，他越来越不愿意和同龄人出去玩了。

每天放学，江江就回家把自己锁在自己的小卧室里。妈妈看在眼里，急在心里。正巧有一天，江江远在外地做生意的舅舅来了。

江江从小就喜欢和舅舅玩，因为舅舅总能给他讲好多好多的新鲜事。这天，江江放学一回家，就看到舅舅和妈妈在客厅说话。

"舅舅。"江江高兴地扑了过去。

舅舅一把就把江江举了起来，"江江，怎么这么久没见，你还是没长高啊？"

江江不好意思地笑了。后来舅舅发现江江总是放学后偷偷从窗户里往外看外面公园里的男孩子们打球。

"江江，想出去玩吗？"舅舅摸着他的头问。

江江点点头，随后又黯然地低下脑袋："我不出去，他们都不愿意和我玩，我一出去，他们就喊我'豆芽菜'。"

看到江江不乐意的神情，舅舅坐到他身旁，安慰起他来。在舅舅的鼓励下，江江开始积极地锻炼身体，也不挑食了。他要脱离"豆芽菜"的外号，做一个健康的男孩，果然，在积极的锻炼下，江江体格和以前不一样了。

看到自己慢慢地成长，江江高兴极了。

给男孩的悄悄话

现在大家的生活水平提高了，爸爸妈妈也都把孩子们当宝贝，都是把最好的给他们吃，按理说，男孩应该长得很壮实有力，然而，由于各方面的原因，有些男孩却特别瘦弱，一副弱不禁风的样子，大家给这样体型的男孩起了个有意思的外号，叫他们"豆芽菜"。

"豆芽菜"体型是比喻其身体过分瘦高，四肢细长，头颅和其他部位的围径相比大得不协调的体型。身体过分瘦弱，身材失去比例，肌肉力量不足，看上去感觉身体不健康，这样的学生就像豆芽一样，习惯弯曲着头、弓着背走路，所以"豆芽菜"体形是一种不健康的标志。

"豆芽菜"体型是各个方面的原因造成的，有的学生是因为过于挑食、偏食造成长期营养供给不充足、不均衡，而有的学生则可能是因为缺乏体育锻炼而成为"豆芽菜"的。不管是哪种情况，都会对男孩的身体健康不利，而且还会影响男孩自身的形象。

经调查发现，"豆芽菜"体型的青少年大多数肌肉力量较差，特别是腰背肌群，因此常易出现脊柱变形，由于身体各部位的围径小，支撑内脏的肌肉力量也差，限制了各内脏器官的发育，导致体质较弱，因此爱生病。

所以，处于青春期的男孩，要拒绝做别人眼中的"豆芽菜"，练就一个健康的体魄。应该注意以下几点：第一，要注意加强营养，增加进食的热量，选高热量、高蛋白的食品，要荤素搭配，保证营养均衡，此外，不挑食，饮食有规律。第二，就是要加强锻炼身体，生活有规律。青春期的男孩们都把乔丹和贝克汉姆作为自己的偶像，梦想自己能拥有像他们一样健美结实的肌肉，锻炼是很有必要的。从现在开始，努力和"豆芽菜"说再见。

遗精是正常生理现象

张老师正在讲台上滔滔不绝地向同学们讲述八国联军侵华的史实，同学们都被老师感染了，似乎回到了那个风雨飘摇的年代。张老师漫不经心地朝底下的座位瞟了一眼，却发现林扬有点心不在焉，完全没有在听讲。

"林扬，对于八国联军侵华，你有什么看法？"

很明显，林扬被张老师吓到了，他慌慌张张地站起来，"我认为，八国联军侵华……"吐出了这几个字，下面林扬不知道该怎么说了。

张老师很生气，"上课不好好听讲，你到底在想什么？坐下吧。"

课后，张老师将林扬在课堂上的表现告诉了班主任秦老师。

秦老师也发现了，最近两个星期，林扬上课经常走神，脸色也不是很好，还经常称不舒服请假。秦老师几次关心地询问林扬是不是生病了，要不要去看医生，每次林扬都涨红了脸，连连摇头。秦老师觉得很奇怪，以前他可不是这样的，上课的时候很活跃，就是在课下，也经常和同学们打成一片。最近是怎么了？秦老师决定找林扬的父母谈谈。

林扬的父母跟老师说了一些林扬在家的反常表现：经常锁着房门不让父母进去，甚至还自己洗床单、被套，这在以前可是从来没有的。细心的爸爸似乎明白了什么，问妈妈："你是否发现林扬有过遗精的现象呢？"妈妈愣了一下，不好意思地说："上个月我给他叠被子时，发现床单上有块污渍，你刚好出差，我忘记和你说了。"

"那当时林扬怎么样？"爸爸又问。

"很不好意思，什么话也没说。唉，现在的孩子，才12岁，就……"妈妈觉得不可理解。

"那他锁门，洗被子是不是那次遗精以后的事情？"

在爸爸的追问下，林扬的妈妈才意识到儿子最近一段时间的异常表现：不太爱和父母说话，晚上睡得很晚，早晨很早就起来了。而且，也不让爸爸给他擦背了……

"儿子已经是个男子汉了，看来需要给他讲讲这方面的知识了。"爸爸笑着说。

爸爸的谈话对林扬来说非常重要。最近一段时间，林扬已经陷入了深深的自责之中，他为自己的行为感到很愧疚，有一种罪恶感，甚至，他觉得自己很下流……

给男孩的悄悄话

通常而言，12岁以下的男孩子很少会遭遇到遗精的烦恼，因为遗精这样的现象往往发生在14岁以后。用科学的眼光看，遗精其实是一个正常的生理现象，指的是不经性交而精液自行泄出的现象，通常发生在睡梦中，当然，也可能是无梦而遗。遗精现象可以分为两种情况，即生理性遗精和病理性遗精。如果遗精次数为一周两次或是更长时间一次，身体没有伴随任何不适症状，那么基本上属于生理性遗精。生理性遗精对身体没有任何损害，也不影响学习和生活。但是，如果遗精次数过于频繁，一周数次或是一夜数次，清醒状态下因为性意念而引发遗精，这样的遗精现象就属于病理性遗精，应该引起足够的重视并应该及时接受相应的治疗。

当然，遗精这种现象没有规律可循，也并不是每一个进入青春期的男孩子都会遗精。有人曾经做过调查，遗精现象因人而异，与不同人的家庭经济状况或是受教育程度有一定的关系。14~45岁的男性人群中，高达90%的男子在某一境遇下发生过遗精现象。虽然每个人遭遇的遗精状况不同，但是有一点大家一定要认识清楚，那就是遗精不是不道德的事情，不要遮遮掩掩，更没有必要恐慌。

遗精现象非但不是一件坏事，相反，它在某些方面对逐渐成长起来的男子汉来说还有不少好处呢。这主要表现在以下几个方面：

首先，遗精在某种程度上可以解除体内的性紧张，使得男孩在心理和生理上找到一些平衡，这一方面已经得到了医学界的普遍共识。这一点对男孩子性的成熟方面起着很重要的作用。

其次，遗精还有利于种族繁衍。这是因为精液周期性地排出能够提高精子的质量，也就是增强精子的生育能力。

最后，青春期的遗精现象还有助于男孩子的性别分辨和认同，遗精现象的发生正说明男孩子开始走向了成熟。

虽然遗精属于男性性发育的正常生理现象，但是这一时期的男孩子依然需要进行一些保健工作，这样能更好地保证性发育的正常进行。这里给小男子汉们介绍一些相关的保健常识：

要正确认识遗精现象，不要为此忧心忡忡，继而给自己增加精神负担。即使真的属于病理性遗精，也依然有方法能够帮助治疗。千万不要听信别人的传言而遮遮掩掩，或是病急乱投医，在某些隐蔽地方的墙上找来一些小广告而慌乱地接受不正规的治疗，这样的后果是很严重的。

睡觉时可以采取侧卧位，避免仰卧，这样能够减少手或被子对生殖器的压力。

尽量不要穿过于紧的裤子，因为裤子过紧生殖器容易受到刺激，这样容易引起性兴奋而遗精。

养成良好的生活习惯，不要频繁地与烟、酒、茶、咖啡、葱、蒜等接触。

消除杂念，不要看黄色书刊、电影、电视或碟片，要通过正当的途径了解性知识。

晚上睡觉之前尽量不要用热水洗澡，条件允许的话可选择冷水浴，这样可以降低性神经的兴奋度。

进入青春期后，对于发生在自己身上的新的状况要给予及时的关注，切不可随意听信他人的说法，也不要觉得遗精是多么见不得人的事情，相反，自己正伴随遗精而走进了青春的门槛，而行走在通往成熟的大道上。认识到了这一点，相信那个曾经阳光的你依然会自信地走下去。

性自慰不是罪恶

晚上宿舍熄灯后，小李翻来覆去的睡不着觉，他掏出一本小说，躲在被子里，打开手电筒看了起来。正看到紧要关头，忽然觉得床在晃动，他开始没在意，后来觉得床晃得厉害，便从被子里探出脑袋。

仔细观察了一下，是上铺的小张晃的，他是不是在做梦，小李刚想叫醒小张，让他不要晃了，却听到小张发出哼哼唧唧的声音。

"小张，小张，你是不是做噩梦了？"小李拍醒小张。

小张探出头，脑门上有汗珠："没，没有，我，我没事，你赶紧睡觉吧。别管我了，我没事。"

小李丈二和尚摸不着头脑。

第二天，他又问小张，小张偷偷摸摸地告诉小李，他昨天晚上其实是在自慰。

小李吓了一跳："小张，我们才14岁啊，你怎么……"在小李的心目中，这种事情只有成年男人才会干。

小张红着脸对小李央求："别告诉别人，我也是，也是第一次。"

小李当天晚上想着小张说过的话，想不通为什么他身边的同龄人会出现这样的情况，这在小李看来是很罪恶，甚至有些肮脏的事情。

给男孩的悄悄话

很多男孩子都有性自慰的经历，他们的身体在慢慢走向成熟，但是很多孩子却会对此有种犯罪感。这样的心理，让他们无法正确地面对自己的成长，严重时还会影响学习和生活。

青春期是一个人身体变化巨大的阶段，在此期间，性器官的发育是最重大的变化。青春期的男孩，在对异性有着朦胧的渴望时，自己在大脑里构思与自己喜欢的异性在一起的种种场面是很常见的事。当然很多男孩都会把这种念头埋在自己的心中，只有一部分人才会告诉别人，其中，男孩或许会多些。这些常见的性幻想、手淫、性梦通常被称为"性自慰"。

随着男孩进入青春期，性器官会慢慢发育成熟，性激素的水平会渐渐上升，他们的内心开始萌动对异性的欲望。加上外界的视听的影响，这种欲望就更强烈了。于是就会不自觉地用性自慰的方式来满足这种欲望，这并不是罪恶的，是一种正常的生理和心理反应。所以，这些小小的性自慰在青春期的孩子中比较常见的。男孩要正确看待这些发生在自己和他人身上的现象。这是男孩成长的表现之一，只要合理地把握就行。

第二章

给遭遇成长烦恼的你

越在意越容易结巴

步步的爸爸是外交官，总是出席重大场合，和外宾一起侃侃而谈，同学们都很羡慕步步有这样一个爸爸。

步步也为此感到自豪，可是步步本人却是不善言辞，这天，学校通知要举办一场演讲比赛，步步想报名，他想像爸爸那样。可是步步又担心自己到时候会出丑。满心矛盾的步步回到家后，将担忧告诉了爸爸，爸爸鼓励他，让他相信自己。

有了爸爸的鼓励，步步终于报名了，在准备期间，步步对着镜子练习，总是能很流畅地将内容讲述下来。

可是到了比赛的前一晚，步步忽然发现自己说话磕磕绊绊，一点也不流畅了。他担心这样会影响比赛成绩，可是他越担心就越结巴，紧张得一晚上没睡的步步第二天神情恍惚地去了学校。

老师和同学们为他打气，但这反而越发让步步紧张。

演讲开始了，眼看马上要轮到自己了，步步不停地回想演讲的内容，可是他的大脑一片空白。

上台后，步步看到底下黑压压的一片人影，心里紧张到了极致。

"各位，各位老师，同，同学们……"步步结结巴巴地开始了演讲，他之前准备时候的状态全没了。

好不容易结结巴巴地将这次比赛进行完，步步难过地回到教室哭了起来，他不明白自己怎么就在关键时刻结巴了起来。

给男孩的悄悄话

青春期的男孩会更注重表现自己，于是有的男孩很希望在班里、在演讲比赛上吸引他人的注意力，但是因为一紧张结巴，无法流畅地表达自己，所以，他们一直躲在角落里，做那个没人注意的"壁花草"。长此以往，会形成自卑、闭塞的性格。紧张是一种普遍现象，只是每个男孩的表现不同。

在医学上，结巴也叫口吃，是一种常见的语音节律障碍现象，这些人并不是发音系统出现了问题，他们的发音系统是正常的。在青春期，这种源于紧张的结巴主要由以下原因导致的：

首先是模仿。小孩子的好奇心强，听到别的男孩结巴，出于好玩的原因就会去模仿结巴。当这种模仿成为经常性的时候，就会变成一种自然的行为，自己也就会结巴起来。特别是紧张时，思考跟不上，就会以结巴的方式给自己提供思考的时间。

其次，青春期的男孩比较敏感，会更注意别人对自己的评价，当这种自我意识发展到一定程度时，他既希望自己在公共场合有所表现，但又过于在乎和担心别人的反应，因而心里会十分紧张。这时，就会出现思维和语言方面的不协调。于是流畅地表达自己的可能性就很小了。一旦有了第一次这样的挫败感，就会有下一次的担心，长此以往，将会造成结巴的恶性循环。于是就结巴起来。

那么，一紧张就结巴的男孩，就没有流畅表达自己的希望了吗？

当然不是。心理学家侧重调节心理紧张，改变结巴。他们建议，结巴的青春期男孩首先要试着忘记自我，这样就会看淡别人对自己的评价，这是在自己为发言做好充分的准备的前提下进行的。第二是，只有在放松的状态下，才能顺利地克服紧张情绪。所以，心理学家建议结巴的男孩要学会掌控自己的情绪，此外，还可以进行专门的语言训练，改变结巴的状况。

别一味排斥父母的管教

  陈才上初一了，学习任务骤然加重，他每天都要做作业到很晚，周末还要上各种各样的补习班。上初中真辛苦啊，还是小学轻松，陈才发现，上了初中后，不只是学习任务加重了，就连爸妈对他的态度也不一样了。

  妈妈开始不停地唠叨，他回家晚了，妈妈就要问他干什么去了，跟谁一起玩，有时候妈妈还不相信陈才的话，非要打电话求证才行。

  如果陈才说谎了，那妈妈就会联合爸爸一起指责他，陈才的爸爸是个退伍军人，嗓门很大，也很严厉。每当陈才犯错误，他就会大声训斥，上了初中后，这种时候变得越来越多，让陈才都不愿意回家了。

  这天是周日，陈才本想上完奥数班，和几个同学去踢球，可是妈妈告诉他，晚上给他报了个绘画班，让他去参加。

陈才实在不想去了，就悄悄地翘课了。等他回到家里，爸爸坐在沙发上等着他，"你干吗去了？"

"我上课去了。"陈才胆怯的回答。

"胡说，老师打电话说你根本没去。"爸爸大发雷霆地吼叫起来，妈妈也在一旁责备陈才。陈才捂着脑袋，苦闷地想，为什么父母总是这么不通情达理，妈妈的唠叨什么时候能停止，爸爸怎么才能不责骂自己。

给男孩的悄悄话

青春期的男孩一般正处于中学阶段，此时的学习任务很重，这个阶段不仅是男孩们成长发育的黄金期，也是长智力长知识的黄金时期。所以，家长认为这是塑造男孩的成型期，因此，不管是什么样的家庭，父母都会对男孩在这个时期的各种行为加以干涉，从而保证孩子能够学业有成。可是，在这个时候，男孩心理上也渐渐成熟起来，遇到什么事有了自己的主见，这是很好的，然而，当男孩和父母的观点冲突时，如何对待妈妈的唠叨和爸爸的吼叫也就成了必须面对的事情。

不可置疑，每个父母都望子成龙，为此，他们不惜一切。看到青春期的男孩的一些不正常的举动，他们会大惊小怪，妈妈会说东说西，爸爸可能就会更严厉的警告你。妈妈会不厌其烦地向你唠叨，给你讲"一定要考上某某名校""得为自己的未来做好打算"等等，而爸爸则会对你的一些行为怒吼不止，"不许玩游戏""再逃课就打断你的腿"等等。这让每个青春期的男孩都会觉得很讨厌，但是一味地和父母对着做也解决不了问题。

此时，正确而客观地对待父母的唠叨和怒吼就显得非常重要了。男孩要学会站在父母的角度上考虑一下，也许他们的方式让我们觉得不舒服，他们的关心可能给我们带来一些压力，但男孩要看到他们的焦急的期盼，而对于他们的一些过于激烈的表现，我们可以试着和他们进行沟通，把自己的想法和计划告诉他们，一是为了让他们知道你不是漫无目的地活着，也不是如他们所说的从没考虑过自己的未来。二是在交流的时候，有一些因为年龄小和经验少自己解决不了的问题，可以让父母帮着出出主意，从而使问题得到有效而合理的解决。三是通过交流，我们可以减轻精神压力，使自己获得自由的生长环境，因为通过交流，减轻了彼此间的猜测，父母就会给你更大的自由空间。

所以，正处于青春期的男孩面对妈妈的唠叨和爸爸的怒吼时，沟通是最好的缓解双方压力的方法，记得去尝试啊。

你所谓的"自由"很多是错的

这些天陆涛跟妈妈一直闹矛盾，两个人谁也不让步，陆涛觉得很委屈，就去找自己最喜欢的老师诉苦。

原来，陆涛十分喜欢轮滑，自己攒钱偷偷买了一双漂亮的轮滑鞋。陆涛暗里计划着，每天放学后去练一小时轮滑，争取下半年能参加轮滑赛。因为练轮滑，陆涛每次回家都很累，有时满头大汗，有时累得都不吃晚饭就睡了。陆涛妈妈很纳闷，就在打扫房间时仔细找了找，结果就把那双陆涛舍不得穿的轮滑鞋翻到了。陆涛妈妈不但没收了鞋，还不准陆涛再去练习轮滑。陆涛为此跟妈妈闹矛盾了。陆涛觉得自己的事情自己可以安排好，自己喜欢做什么怎么做这是自己的自由，妈妈不应该干涉，何况自己做的又不是坏事情。陆涛讲完后，老师想了想说，"陆涛，回家先跟妈妈道歉，不管怎么样跟妈妈闹矛盾是不对的，你这样做也不是解决问题的办法。跟妈妈好好说，争取妈妈的理解，这才是好的办法。"

陆涛回家跟妈妈坐下来好好谈了谈，最终妈妈答应了陆涛，不过每天不能练习太久，怕耽误学习。陆涛又开始了他的轮滑计划，而且还有了妈妈的支持。

给男孩的悄悄话

也许，有些男孩子没有注意到，不知从什么时候起，自己不再是爸爸妈妈眼里的乖宝宝，开始有自己的想法，并强烈地要求付诸实施。其实，这些是男孩进入青春期后，渐渐出现的叛逆心理。为什么说是男孩子的叛逆心理呢，难道说爸妈就不存在对男孩管制过严的问题吗？当然不是。

让我们先来分析一下青春期的叛逆心理，男孩子们就会发觉自己存在的问题。进入青春期后，男孩子在生理上发生了很大变化，身体渐渐发育成熟，然而近年来，随着物质生活水平的提高，青春期提前来到，然而生理上的成熟并不意味着心理上的成熟，其实很多男孩子的心理并不成熟，于是在青春期期间就出现了叛逆心理。

专家说，青春期的叛逆意识突出表现在他们的独立意识。对于男孩子而言，这种情况更严重。一些男孩子就会希望得到独立、得到认可，在没有完全认识到自己的实力的情况下，总想着一鸣惊人，总想着挣脱父母的束缚，寻找更宽更高的天空。所以，这些男孩子会自发地采取一些接近自己梦想的措施，但是，在父母眼里，男孩子很多做法是好高骛远不切实际的。此时，出于对他们的关心，父母就会出面阻止。这就出现了男孩子们认为的被剥脱自由的现象。

客观地说，父母有父母的想法，男孩子也有男孩子的想法，没有谁对谁错的问题，最主要的是缺乏沟通。如果男孩子把自己的想法告诉爸妈，爸妈也再听听他们的想法。在互相尊重的前提下，真诚的沟通就会少很多抱怨。

"自由"是一个高贵的字眼，但是通往自由的道路不止一条，男孩子们能让爸妈放心自己，自己也舒心地实现自己，才是最好的选择。

拒绝盲目染发

刘立杰升旗之后被教导主任逮到了办公室，跟他一起被逮的还有三四个同学，他们有个共同点，就是头发都不再是黑色的。刘立杰的头发染成了黄色，那几个同学的头发有棕色的，甚至有个火红色的，看起来就像是火鸡的羽毛。大家都低着头，不敢看教导主任的黑脸。

主任开始一个个询问原因。得到的结果基本一致,他们都比较喜欢韩国的那些明星,而那些明星偶像都把头发染成了各种奇特的色彩。现在电视电影上流行的韩国明星深得青少年的喜爱,他们奇异的造型也让学生们以为那就是美,争相模仿起来。教导主任深深叹了一口气。

这帮正值青春期的孩子们盲目地追逐明星服饰打扮的事情,每年都会发生,经常有不穿校服,穿着奇装异服来学校的,以前是女孩子比较明显,现在男生的势头也开始上升。看着这些五颜六色的头发,主任无奈地叫来了被逮孩子们的班主任,让他们一一带回去进行教育和开导。

刘立杰也被自己的班主任老师带回来了。老师没有给他讲大道理,没有讲那些每天都听的耳朵长茧的话,而是告诉他,染发的危害。原来染发剂里有那么多致癌物质。他以前都不知道,只是觉得像韩国明星那样的头发颜色就是比自己的黑头发好看,现在外面也流行染发。就把自己头发染了,没想到还有这么多危害。

而且,老师给他做了思想工作之后,他突然觉得,那些明星们也没有那么好看。老师告诉他,做自己才最重要,模仿别人,永远没有人家本人漂亮。他想着老师说的话,决定回去了就把头发弄回黑色,还要告诉自己的同学,染发有很多危害……

给男孩的悄悄话

随着青春期的到来,男孩子也逐渐注重自己的外表。偶像明星的时尚造型被越来越多的男孩模仿。小时候的"和尚头"已经不能满足青春期男孩们的需求,他们喜欢把头发留长,并在发色上做文章。

爱美的男孩在变换头发颜色的时候,必须得考虑健康问题。

目前大多数染发剂中都含有过敏原——对苯二胺。这种物质很容易引起红肿、发痒、湿疹等过敏症状。还有一些染发剂中含有芳香胺类化合物,这是一种致癌物质。另外,燃料经皮肤、毛囊进入人体,然后进入血液,很有可能会破坏血细胞,对身体百害而无一利。

有一对英国夫妇,妻子是金发碧眼,丈夫却有着棕色的头发。丈夫很爱妻子,非常想拥有和妻子一样的金发,于是他总是不断地染发。后来,电视上报道说他常使用的那种染发剂出了问题,严重影响健康,他便说出了这样的话:"我喜欢金发,但我不能用健康来换取美丽。不知道之前染发是否已经影响了健康,但今后我是不会再染发了。"

每个人都应该用这样的理智来维护自己的健康。盲目模仿明星染发会严重损害青少年的健康,爱美的男孩还是要三思而后行,因为健康比时尚、潮流更重要。

用文身纪念青春后果很严重

陆青有个从小一起长大的朋友,那个孩子很早就辍学了,经常和社会上的小混混们在一起厮混,暑假的时候,他来找陆青玩,他的胳膊上文了一条龙,黑色的龙纹在胳膊上盘旋,看起来就像电影里那些古惑仔。

那个朋友极力地向陆青炫耀自己身上的文身,那是多么的帅呀,这文身就是用来证明自己年轻过,也疯狂过。

陆青家教一直很严,爸爸妈妈对陆青的要求很多也很细,陆青一直是个乖孩子,规规矩矩上学,放学回家,朋友也不多,而且妈妈还禁止过他和这个朋友交往,只不过他们是从幼儿园就认识的小伙伴,妈妈也没有强行反对他们的来往。

看了人家胳膊上的文身,想起电影里那些帅气的打斗镜头,还有那些黑社会电影里一个个疯狂的文身,陆青真心动了。他想着,我长这么大了,怎么也该自己做主了,好歹也给我自己留下点青春的礼物,就当是纪念也好。

他开始询问那个男孩关于文身的事情。那个男孩见他对文身感兴趣,急忙热心地推荐了几个可以文身的店铺,并且热情地要带陆青立刻过去文身。

但是陆青明白,对于他从小受到的教育来说,文身是绝对不被允许的。他还很犹豫,要考虑一段时间才能决定。所以就让他的朋友先走了,自己一个人开始思考文身的事情。他甚至在晚上查看了大量的文身图片。还有一些关于文身的资料。他的心里蠢蠢欲动,发誓要给自己的青春留下个大大的印记。

陆青怕被父母发现,内心不断挣扎。他思前想后,又觉得自己也不是那种在社会上混的人,好像没必要文身,如果被学校发现了,肯定还得被处分。而且,听说文身就是用针将墨水刺进肉里,很疼很疼。他甚至想要不要用掷硬币的方式来做决定。

给男孩的悄悄话

要文身吗？这不仅是陆青一个人的问题，相信很多男孩子在这个阶段都曾热血沸腾地想要去文身。喜欢看香港警匪片的青少年会发现，片中很多男性身上都有文身，或龙或虎或豹，抑或是某个情人的名字。文身似乎成了某一个特定群体的象征，象征自己的虎胆英雄。而喜欢看明星演唱会的孩子也不难发现，出场的明星也往往是金发闪耀，光彩夺目的。

走出电视，在真实的生活中，你依然能够很轻易地发现身边有很多文身的人。文身现在越来越成为一种时尚，一种艺术，一种文化，也渐渐成为新新人类彰显个性的一种方式。在生活里，他们确实看起来很另类，很吸引人眼球，可是你知道吗？在文身的背后，他们也要付出很沉重的代价。

光鲜的表面隐藏的，是你不知道的伤害。关于文身后的遭遇，网上曾经流传这么一个说法："想当兵就不能；想找个好老婆，女孩家人不干；走路上说你是小流氓；找工作说你是混混。"这几句话真的说出了那些文身者的内心隐痛。

文身的时候，不仅要忍受皮肤割裂的疼痛，同时，你也没有办法保证文身的工具是否已经经过了严格的消毒。最近常有新闻报道出这类店因为没有经过正规的消毒程序而导致顾客感染上很多传染病的事例，因此，文身的过程其实是存在很大风险的。

同时，一旦在身上文了图案，那这些图案就会伴随你一生，即使自己后来不喜欢了，目前也没有什么方法能够完全干净地将这些图案去除。

奇装异服不是帅

上学的路上，几个帅气个性的男孩骑着山地车呼啸而过，站在路旁等车的黄文斌看到后，心里羡慕得不得了。"真帅，我要是也能那样子，大家就会更加佩服我了。"黄文斌的成绩在班里很好，大家都知道他脑子学东西快，连老师都说他比别人聪明得多。黄文斌对此也有点洋洋自得。不过黄文斌觉得，成绩好还不算完美，应该在"别的方面"也很突出才对。看到刚刚风驰电掣骑车过去的几个人，黄文斌心里有了主意。

星期天的时候，黄文斌没去上补习班，偷偷溜去了商场。他用自己的零花钱，比着昨天看到的那几个同学的样子，买了一套衣服，又去发廊做了头发，出来后来了个一百八十度的大变样。因为爸爸妈妈出差，只有奶奶跟他做伴，所以回家后除了被奶奶唠叨了几句，就没什么了。

星期一，黄文斌在去学校的路上，总觉得不自在。进学校后，看到进进出出的同学，像平常一样，对他并没有太多关注，黄文斌有点失望。等到走进教室，大家都在低头看书，只有几个同学抬头望了望他显得有点惊讶，黄文斌更觉得不自在了。第一节数学课，黄文斌回答问题后，老师开玩笑地说了句"黄帅哥，请坐"，全班哄堂大笑。黄文斌恨不得马上赶回家把衣服换掉。

星期二，黄文斌的爸爸妈妈都回来了。看到黄文斌像往常一样，就问黄文斌这两天有没有犯错误。一身学生装的黄文斌一边说当然没有，一边向奶奶使眼色。奶奶笑着说，咱们文斌帅了一把，又被同学笑得换回去了。爸爸妈妈听了哈哈大笑，黄文斌又气又羞地回房间了。

给男孩的悄悄话

受影视和广告的影响，现在的男孩子热衷有个性和外表帅气，都想成为"帅哥"。这本是件无可厚非的事，但是，凡是都有个度，否则会过犹不及。

由于青春萌动，青春期的男孩子具有爱美之心是很正常的，所以，一些男孩子就会模仿影星歌星们做一些酷动作，说一些流行语，最常见的是服装上的追星。看一部电影电视剧或一个广告，觉得演员们穿上那些衣服帅气了，自己也想模仿，于是，校园里奇装异服就多了起来。

在以前，穿奇装异服是不允许进入学校的，但是，在现在提倡个性的时期，稍微穿得潮流一些是被认可的，还会表现出一个人的审美趣味。但是，很多男孩子穿上了奇装异服，有的是在裤子上挖个洞，有的穿着色彩怪异，有的甚至背个鬼头在后背上，等等，这样的例子举不胜举。

奇装异服夺去了人们欣赏纯真的机会。在初高中里，一群青春期的男孩子，是有朝气、年轻、生命力的象征，他们的笑容应该是透明的春天的颜色，是欣欣向荣的感觉，而这些奇装异服的泛滥，让青春期的男孩子会过早地失去青春的纯真。特别是那些在膝盖上挖洞的裤子，天凉是很可能会导致关节炎等疾病。

在最美的年龄里，无须修饰就胜过一切，年轻就是最大的美。所以，青春期的男孩子，请珍惜你最纯真的美，树立自己的审美观，别被外界牵着自己走路，要有健康和谐的审美趣味。要知道，奇装异服不是帅，作为中学生，最大的帅气来自对知识的追求，对美好品质的追求。

学会接纳不同个性的同学

林飞和肖扬是同桌，又是同宿舍，但两个人的矛盾大家都看得出来。有一段时间，两个人谁都不理谁，连老师都知道了他俩的事情。虽然从没吵过架，但是两个人打心眼里谁都看不惯谁。

这天下课的时候，高老师叫住了往外走的林飞。"林飞，跟我来一下。"林飞以为高老师有什么事情要他帮忙，就跟着高老师进了办公室。

林飞："高老师，有什么事吗？"

"哦，今天课代表没来，你帮我把这些资料发下去吧。"

"哦，好的。"林飞刚要拿资料，又被高老师叫住了。

"先别忙，林飞。你过来，老师有点事问问你。"

林飞纳闷地走过去，看着高老师笑眯眯的眼睛："有什么事儿吗，高老师？"

"你跟肖扬是怎么回事呀，上次小组实验，我让你俩一起给我搭把手，你俩谁都不搭理谁，是不是闹矛盾了。"看着林飞低下头，欲言又止的样子，高老师又问："怎么，对肖扬有意见了？来，跟老师说说。"

林飞看着高老师说："也没什么，肖扬就是有时太张扬了，也不顾及别人的感受，他认为好的事情，大家就要一起跟着做，也不问问别人的意见。大家一起的事情，总是他说怎样就怎样。"

高老师听了点点头："肖扬确实很有个性，这是他的缺点也是他的优点，你说是不是林飞。老师知道你是一个宽容温和的好学生，你和肖扬应该互相帮助才对，不应该互不理睬，那样对学习对同学关系都不好。老师觉得你们两个都很优秀，大家对你们两个也都很信任，你们两个要是能互相学习一起帮助大家多好。"

林飞听了点点头："老师我明白了。"

过了两天，高老师在走廊里看到了肖扬："肖扬，林飞说你很能带动大家的积极性，适合当队长组织这次的足球比赛。"肖扬听了纳闷地说："林飞会让我当队长？他对我那么大的意见，还嫌我张扬，会让我当队长？"高老师说："那怎么了，老师怕你忙不过来，派他做副队长，给你帮忙。"肖扬一听撇了撇嘴说："他那样温温吞吞的，对谁都好，连点原则都没有，说话大家都不听，能管好什么呀？"高老师一听就乐了："这就是你对林飞不满的地方？金无足赤，人无完人。你跟林飞通过组织这次比赛，好好磨合磨合吧，也各自好好反省反省。"肖扬听了，挠挠头，不知道高老师葫芦里卖的什么药。

给男孩的悄悄话

现代的社会越来越提倡个性,有个性的人一般很容易吸引他人的眼光。所以在学校里,追求个性的同学也层出不穷。但是这里所说的个性,一般是特立独行,而心理学上的个性是指一个人的个别性,是这个人在思想、性格、品质、意志、情感、态度等方面不同于其他人的特质。这种特质会外化为他的言语方式、行为方式和情感方式,等等。心理学上还指出,任何人都有自己的个性,任何人都是一个个性化的存在。

接纳不同个性的同学是一门学问,因为一般人很容易接纳和自己个性接近的同学,而排斥那些和自己迥异的同学。但是这样会让我们错过很多友谊,会错过很多向别人学习的机会。所以不能拒绝自己不喜欢的同学,只要你用心观察,就会发现"三人行必有我师",特别是男孩子,只有博学众人之长,才能根深叶茂,为以后的发展打下基础。

此外只有在和不同个性的同学打交道的过程中,才能发现自己的不足,弥补自己的不足。人与人的思维方式存在着很大的差异,就在相互交往中差异的碰撞会产生智慧的火花。

其实个性的相同和相异不是绝对的,强调个性的差异性时,我们也不排除个性的共同性。每个人与他人都或多或少地存在着个性相同的基础,只要愿意真心交流,就不存在没法跨越的鸿沟。一个班里的同学,在相同的学习环境里接受相同的教育,彼此之间个性的差异里存在的共同性就更不可忽视。

学会接纳不同个性的同学,能帮助男孩抓住成长的机会、完善人格,给自己和他人都打开一扇友谊之门。

以一颗平常心对待同学间的竞争

金佳拿着地理试卷，怒气冲冲地跑去办公室，他的成绩少加了四分，所以他的排名从年级第一落到了第四，他很不服气，直接拿着地理试卷找老师们去了。

他成绩一向名列前茅，所以老师们都认识他，但是这次不再是去领奖状呀、交作业呀，他是去捍卫自己的荣誉去了。负责核分的老师给他又核对了一次分数，确实少加了四分。他的成绩被修改了过来，但是总成绩排名不再修改，他为此还是耿耿于怀。

班里一直排第二的那个女生的名次也凑巧排到了他前面。那个女生知道了金佳是因为少加了四分才成为第四之后，过来想安慰他一下，她轻声地说："你别这么生气了，大家都知道你学习最好了。"

金佳本来正在生气，结果看着一直是自己"手下败将"的女生居然跑过来挑衅，直接怒发冲冠，张嘴就来："您是站着说话不腰疼呀。得了第一就得了，还在这显摆什么，想看我笑话不是？"

本来出于好心来安慰他的女孩，一下子哑巴了，当场愣在那里，眼泪就掉下来了。女孩掉头就走，以后再也没理过他。

等他气消了之后，反省自己，也觉得自己把成绩看得太重了，为了那个分数和名次，还伤了同学的和气，其实那个女孩也不坏，人挺热心。只是大家的成绩都差不多，金佳才一直把她当作敌人一样看待和提防。

如今为了这个加错的成绩,得罪一个同学,非常不值得。他开始后悔自己的冲动,其实竞争是很正常的,没有竞争的话,他怎么知道自己的优势和劣势呢,没有竞争或许他也不会这么勤奋了。正是因为这个女孩,他才这么有奋斗精神的。

他想明白了这些,决定和女孩握手言和,他希望以后他们可以在竞争中共同进步,而不是像自己这样伤害别人。

给男孩的悄悄话

竞争无处不在,我们的学习中也充满了竞争,它就像是把"双刃剑",用好了利人利己,可以大大促进自己的学习;用不好则会误人误己,不仅会阻碍自己的学习,还会影响到同学之间的感情。因此,对于竞争我们要有一个清醒的认识。

同学之间的良性竞争能激发强烈的成就感和进取心,促使男孩顽强拼搏,同时也会给男孩带来快乐,注入新的活力。这是一种积极的活动,所以不能采取在学习中恶性竞争、破坏同学之间友谊的不良行为。

在一个班级里,学习成绩、文体比赛、劳动竞赛,甚至业余爱好,都会使同学之间产生竞争。但是在学生的心目中,最普通也最"残酷"的还是学习成绩上的竞争,也就是在考试分数上比高下。以正确的心态面对竞争,本来是一件很有益的事,但有些男孩为了实现这一目标,使用的却是消极竞争的策略。比如有的男孩为了麻痹自己的竞争对手,就在班里故意不学习,装出一副很轻松的样子,但是回家后却加班加点"开夜车";有的男孩把学习上的竞争泛化到与同学的一般交往上，不仅在心理上嫉妒对方，而且还会表现出轻视对方的各种言行，甚至有时会在背后诋毁别人。这种消极竞争的做法，其实是一种心胸狭窄、不会学习的表现，是我们学习路上的"拦路虎"，它不仅使男孩无法获得真正的友谊，而且也无法吸收、借鉴别人的长处，另外它还会影响男孩的身心健康。

积极的竞争应是在一种友好的氛围中进行的，它能够实现自己和同学成绩的共同提高，而不是自己上去了，却把同学踩下来。因此会学习的同学必须彻底抛弃这种狭隘的消极竞争，学会积极竞争。

同学之间的竞争是不可避免的，那么男孩该如何对待才能既收到竞争的良好效果，又避免竞争可能带来的心理伤害呢？

教育专家们告诉我们：对待同学之间的竞争的正确态度应该是既不回避竞争，也不盲目竞争——竞争的目的不是压低别的同学，而是提高你自己，它要求我们必须做到如下几点。

1. 借助竞争激发潜力

在竞争的条件下，人们的自尊需要和自我实现的需要更为强烈，对于竞争活动会产生更加浓厚的兴趣，克服困难的意志更加坚定，争取优胜的信念也更加强烈。我们要从主观上认识到这些，树立起一种积极的心态，为了取得竞赛的优势，全力以赴，充分发挥自己的能量与创造性。

2. 找到适合于自己的目标

竞争的目标应该是有层次性的多样化的，如果只盯住顶尖的位置，或者只在自己不擅长的方面与人争锋，势必经常遭受挫折和失败，易使人产生挫折感、失败感与自卑感。所以我们应根据自己的实际情况，找到适合于自己的目标。这个目标不会唾手可得，需要我们付出努力，但又不是遥不可及的。

3. 学会与自己竞争

从前的你和现在的你肯定不一样,将来的你也不会和现在一样。因此要学会对自己做纵向比较,看自己在哪些方面进步了,还能取得什么进步,这也是一种竞争,而且这种竞争有助于你正确看待同学之间的竞争。

4. 抱着合作的态度参与竞争

这才是真正的明智之举,不仅获得了竞争的动力,而且避免了对同学采取嫉妒、贬低和仇视的态度,有助于维护同学间的友爱关系及集体精神。

5. 适时的心理调整

当竞争过频或过强,就容易产生紧张、忧虑、自卑等消极的情绪体验,不利于自己的身心健康。如果出现这样的情况,可以通过适当降低竞争目标、改变竞争对手、转移竞争取向等措施,及时地加以调整,以消除过分紧张的心理压力。

其实合作与竞争是相辅相成的,只有把两者有机地结合起来,在"比、学、赶、帮、超"的氛围中,竞争双方的学习才能得到最大限度的提高。因此具体到自己的学习中,一方面是努力超过对方,另一方面也要和同学友好相处,你有问题可以诚心地问他,他有问题来问你的时候你也应该认真给予帮助,如果两人都不能解决,可以在一起共同研讨。

尽管如此,真正的竞争还是自己与自己的竞争,超越昨天的自己,才是真正的竞争取胜。

总之我们要正确对待同学之间的竞争,既要保持一种锐意进取的精神状态和斗志,又要保持一颗平常心。让竞争朝着积极、良性的方向发展,并以此来激励和促进我们的学习。

竞争与友谊是并行不悖的，它们并没有本质上的冲突。在与同学的竞争中，我们应向竞争对手伸出友谊之手；同学向我们借笔记或请教于我们时，应给予热情帮助。从而做到彼此激励，相互竞争，共同攀登，形成一个和睦、友好、互助的良好氛围，实现学习的共同进步。

把握友情与恋情的尺度

自从林雨和马莎莎相处熟悉之后，最近一段放学回家都是和她一起回家，难怪青峰说："林雨，你这个重色轻友的家伙，把我们都彻底抛弃了。"而马莎莎在一旁高兴地笑着。

一天，马莎莎跟林雨说："林雨，今天你能够晚点回家吗？我有好多题不会做，你能不能帮我讲讲？"那天晚上，林雨一直给她讲题目讲到了八点多钟。

从那以后，她经常会要求林雨晚一点回家，为她讲两道题目。时间一长，林雨觉得有点恼火了。

林雨心里比较不高兴："为什么自己要凭空为她付出这么多呢？自己有很多的事情要做啊！那些题目她如果上课好好听讲的话一定是可以做出来的，为什么一定要在课下耽误我的时间呢？难道我的时间不宝贵吗？难道她因为是我的好朋友就可以随便耽误我的时间吗？"这样一想，林雨心里突然觉得很委屈。

"难道觉得我们是好朋友,就不和我太客气了?"总之,林雨的心里很不爽!

那天,她又要让林雨晚点回家,林雨想了一下,告诉她:"今天妈妈要我早点回家。"

她听了一愣,然后说道:"你家里的事情很重要吗?"

林雨听了这句话开始心里冒火了:"难道只有你的事情重要吗?"说完之后,头也不回地走开了。

在回家的路上,林雨突然意识到,马莎莎肯定是把自己当成所谓的男朋友了,所以才会如此黏自己。可他从来只是把她当好朋友啊。难道自己的行为促使她往那方面想了?

给男孩的悄悄话

在男女交往中要区分开什么是友情,什么是爱情。要把二者的界线明确化,而不能模糊不清,以免造成误会。只有让双方都明确彼此之间是友情而不是爱情,在日常交往中才不会造成误会,才会给彼此留有必要的空间。

从单恋的幻影中走出来

那次和妈妈一起去参加一个夏令营,有一个小姐姐吸引了安可的注意。她在那个夏令营里面做志愿服务生,看上去清秀漂亮,温文尔雅。

有一次,安可不经意闯入了这个夏令营的后房,看到她在那里准备中午的饭菜,当时吃了一惊:"原来你的工作就是负责日常的伙食啊?"安可很难想象这样一个相貌秀气的女孩为什么愿意把自己放到这样低微的位置上。

她却笑了笑说:"我们是来这里做志愿者的,做什么工作不是利益别人呢?静下心来让自己做最基本的工作,才会真正树立服务社会的精神。"安可听她这样一讲,觉得有道理,心里更加尊敬和佩服她了。

以后,安可总是会抽时间特意跑到那里去看她在做什么,如果是集合的话,他也会努力希望能够从人群中找到她。有时看到她不忙了,他还会找机会和她一起聊聊天。

"我也在这里当志愿者,好不好?"安可问她。

"其实,只要你具有这样的精神,身在哪里都一样,真的。"她一脸真诚地对安可说。

"我很想留下来,能多学一些。"安可任性地对她说。

她看看安可:"等等,我找点东西给你。"说着,她去了一间小仓库,不一会又出来,她要送给安可一本书。

"我找了半天,只剩下最后一本了,封皮有点破了,不过还好,里面还是新的,你拿回家去好好学习吧。"她把书递到了安可的手里。

从夏令营回来之后,安可经常会一个人默默地想念她,想起她清瘦的样子,想起她那张秀气的脸和在厨房里工作的辛苦,想起临走时她对自己的鼓励,想起了她的出语不凡……总会在晚上睡不着的时候翻开她给自己的那本书。

给男孩的悄悄话

我们都会做梦。男孩子小时候也许都梦想自己是一个英俊的王子,历尽千辛万苦,终于找到了自己心目中的公主,她美丽大方、温柔体贴,最喜欢的就是她那双会说话的大眼睛;女孩子小时候也许都梦想自己是一个美丽可爱的公主,等着白马王子来迎接自己,他英俊高大、机智幽默,你最喜欢的就是他深沉且略带忧郁的眼神。

之后,男孩和女孩都长大了,并在现实生活中寻找自己的公主和王子。当发现某个人的某种特质与自己梦中的理想对象相符时,就会对对方产生好感,也就是我们说的喜欢。可能你认为这就是爱,而实际上,这两者是有本质区别的。

喜欢是尊重对方,认为对方有优点值得自己去尊重,且有好评,也认为对方的态度与自己相似。这就是喜欢的情感。而爱情则包含亲密的感情,关怀对方,和情绪上的依赖。由此可见许多人的爱情感觉,其实只是有浓烈的喜欢感觉而已。不只是异性同学,甚至是学校老师,荧幕的明星偶像,都是爱慕的对象,这只是个人产生好感,认为对方某些部分与自己相似而喜欢对方而已。但有些人却将这种喜欢当作爱情,认为对方与自己的关系和别人不同,因此有时候会产生认知的偏差,误以为我对你这么好,你怎么可以不理我,怎么可以和别人嘻嘻哈哈,不是认为自己已坠入爱河,就是认为自己在单恋,或者失恋。一见钟情也就是这种将对方的某些特质与自己梦中情人特质吻合配对的喜欢情感而已,只不过误以为是爱情。这是时下许多青少年的苦恼来源。因为这种感情欠缺相互亲密的成分。

心理学家认为爱情应该从情绪、动机和认知三种因素来探讨,真正的爱情不只是比喜欢更浓烈,它需要涵盖三种因素,才是真正的爱情。一是在情绪上有亲密的感受;另一是在动机方面要有激情,包含生理需求及冲动;第三种是在认知上要有承诺。情绪的亲密感受会使个体产生喜欢接近对方、相互联系、彼此相互感到温暖的感觉,而不是只有单方面才有这种感觉,否则只是单恋或暗恋。在动机方面的热情,则表现在异性间的吸引力,这种因为生理冲动与需求会有激情的感觉,很喜欢接近对方。但需要自尊自重、自我控制,有些人往往因为这种冲动而不能自制,而造成进一步性关系,而无法发展更进一步的心理分享,也就容易造成日后的分手。除了亲密与激情外,还要在认知上能理性地承诺,这种承诺是自己在理性选择下所做的决定,愿意为维持双方关系而做的决定。有人提出爱就是付出而非占有,意思指双方要相互尊重对方的决定和意愿,不能勉强。有些人往往自己认为我已经对你付出这么多,你相对的也要对我如何如何,否则的话,我就要对你采取什么动作,这就是一种强求手段。那就是误解了感情的含义。

因此从爱情的因素组成来看,亲密、激情和承诺都没有就是无爱,只有亲密时那只是喜欢,只有激情,称为迷恋,只有承诺就称为空爱;缺乏承诺的爱情是浪漫的爱;缺乏亲密的爱情是愚蠢的爱;缺乏激情的爱是友谊式的爱。只有亲密、激情与承诺都具备才是完全的爱情。

仔细想一想,你对他的感情究竟是喜欢还是爱。要把青春期所自然萌动的对异性的喜欢或好感与爱混为一谈。这是两种绝对不一样的感觉,是很不同的心理状态:喜欢就像一条小溪,清澈见底;

爱则是一片汪洋，浩瀚无边。你需要用心去聆听，才能将二者分辨出来。如果不经过理性的思考，只是跟着感觉走，就会混淆二者，导致判断失误，以致自作多情，甚至自寻烦恼，耽误了青春和学业。

也许现在我们还不成熟，考虑问题还不全面，随着日后知识的增长、视野的开阔、心智的成熟，很容易"见异思迁"。其实并不是你"变心"了，而是本来并没有去爱。爱一个人是要求感情专一的，而喜欢则不是，你可以在不同时间喜欢不同的人，甚至可以在同一时间喜欢着不同的人。

所以，青春期的男孩不要轻易说你爱谁。只有弄懂了爱的深层含义，你才有资格说出这个字。爱一个人，是要负责任的，问一问自己，已经做好准备了吗？

性行为不可轻易尝试

胡岩现在陷入深深的苦恼之中，他开始后悔自己当初的行为，他也不知道未来怎么办。现在一切都乱如一团麻，他不知道头绪在哪里。这沉重的负担让他喘不上气来。女朋友左叶在他身边低声的哭泣，还在小声地询问胡岩，现在该怎么办。

一对高中生，陷入了一场麻烦之中。他们是早熟的孩子，高一的时候就开始谈恋爱，很快两人就偷尝禁果。但是事情并不像他们道听途说来的那么妙不可言，除了生涩的疼痛之外，两人再没有任何快乐可言。

年轻无知的他们也不懂得采取安全措施，两个人偷尝禁果的两个月后，左叶忧心忡忡地告诉胡岩自己怀孕了。这对一对尚在高中的恋人来说，无疑是晴天霹雳。他们一下子陷入了慌乱中，到底该怎么办？

两人达成一致，不能告诉父母这件事情。这件事情如果让爸妈知道了，非打断他们的腿，但是肚子里的孩子还在一天天长大，左叶的情绪也越来越差，她只是跟家人说自己是学习压力大才这样的，但是跟胡岩在一起的时候，她就会拼命问胡岩，到底该怎么办，到底该怎么办？都是你的错！

女孩的抱怨，让胡岩的心搅成一团，太后悔当初的冲动了，如今这个恶果他自己一个人怎么承担？

左叶后来就开始不断地提醒胡岩，一定要对她负责任，所有的事情都是胡岩应该负责，都是胡岩害了她。

来自事件本身的压力，来自女友的不断施压，胡岩终于忍受不了这么大的心理压力了。他跟爸妈摊牌。事到如此，爸妈没有过多训斥他，直接找到了那个女孩，协商问题的解决方案。

最终，两家大人达成了协议。左叶父母带着女儿去了很远的城市做流产，而胡岩却陷入了深深的抑郁。

他不能原谅自己不能负责，而他也无力承担全部的责任。一直处于巨大的压力状态下的胡岩只好靠着抗抑郁药物来维持自己的正常生活。

犯了错，真的是男孩一个人的错吗？女孩没有责任吗？

给男孩的悄悄话

有一句话适合送给胡岩和左叶:"在爱情里,如果两个人都能对自己负责,对他人负责的目标就也可以间接达到了。"

爱情非常美好,但是不堪一击,因为人们总是喜欢把爱情建立在虚无缥缈的幻想世界里。当我们疯狂地爱上一个人的时候,需要冷静地观察对方是否也愿意为你而真心付出,如果对方不愿意,即使是因为感动而和你在一起,那也是不合适的。因为感动仅仅是一瞬间的事情,在漫长的平淡无奇的生活里,感动会慢慢地消失。其实大家都很明白,现实与想象中的情节实在太遥远。

于是"责任感"就变得非常重要。

爱情是神圣纯洁和永恒的,而责任是在一定条件下必须履行的义务,是不可推辞的。

当爱情与责任融为一体的时候,就赋予两者特定的含义。爱情就不仅仅是取悦对方,而是包容对方一切优缺点;责任就不仅仅是暂时的允诺,而是呵护对方一生的幸福。当爱情脱离责任的轨道时,它就是一列货车,伤人伤己;当责任飞离爱情的恒星时,它就是一颗流星,瞬间逝去。只有爱情和责任真正统一于男女之间的时候,爱情与责任才是完美和负责的。但在婚前婚后有所侧重,婚前谈的是感情,婚后担的是责任。只有融贯双方的责任,才是真正的爱情。

正是出于一种责任心,两个人在交往过程中就更加需要互相尊重,担当彼此的重担。你可能会经常看到这样的例子,女孩以为自己"一给了之",然后把所有的责任推给男孩,结果是这男孩"一走了之"。或是,男孩为了满足自己强烈的青春欲望,不顾女孩的感受,或者可能造成的恶劣后果,而偷吃禁果。这实际上是很不负责任的，因为当一些事情真正发生的时候，你是没有任何能力与经验去处理的。所以，这样做了，就是把自己和对方陷入一种艰难的境地。在爱情里，无论是面对着怎么样的一个问题，男孩女孩都更加需要从责任的角度去思考，互相体谅，互相关心和鼓励。

正如中国当代著名的作家阿来所说的，"自由的第一个意义就是承担自己的责任"。生活就是这样，它来不得半点随意，请不要以自由的名义来逃避责任。每个人在做事情的时候都要想到可能出现的后果。虽然没有人能够保证自己做的事情万无一失，但是人可以用自己的责任来弥补可能出现的失误。

所以，青春期的男孩女孩从小培养责任意识将会受益终生，不要为爱情昏迷了头脑，忘却了责任。

第三章

给需要帮助保护的你

游戏上瘾很严重

18岁的小凯原本应该坐在宽敞明亮的教室和老师同学们一起学习，接受各种新的知识。可是现在的小凯却只能在铁窗后面流着悔恨的泪水。

小凯从初中二年级的时候就开始进入网吧玩游戏，平时玩玩虚幻浪漫类的网游。心情不好的时候，还会玩一些恐怖暴力的游戏。觉得在游戏里打人杀人特别刺激，在那一刻仿佛所有的烦恼都消失了，忘了繁重的功课，忘了和父母的隔阂，也忘了和同学的矛盾。取而代之的是一种强烈的快感。

迷上网络游戏的小凯，成绩一塌糊涂自是不必说了。不论课上课下，醒着还是睡着脑子里总是不断地浮现游戏中的画面。"杀死他，抢他的武器。"连睡梦中的呓语都是关于游戏的。

有一次，小凯又到网吧玩游戏，在网上与一个人对骂起来，气愤得不得了。后来发现两个人竟同时在同一个网吧里。小凯走上去，揪住那人的衣领就把他摁倒在地。这时候，脑子里一下就浮现出游戏中杀手酷酷的打人杀人的场面。就学着游戏中的样子，拳打脚踢，甚至还摸出了随身携带的匕首，丧失理智的小凯挥出了匕首……

幸亏保安赶到及时制止了他,但是那个人已经被刺成重伤。在游戏中"走火入魔"的小凯就这样走进了监狱。

就是因为沉迷于不健康的网络游戏,小凯慢慢地分不清虚幻和现实。自己原本可以利用那些时间和精力做很多有意义的事情,可是现在只能在监狱里悔恨流泪。

给男孩的悄悄话

网络游戏的虚拟性、隐蔽性和交互性,使青春期男孩在网络游戏中能够随心所欲地宣泄自己的情感,做出现实社会规范所不允许的事情。遇到现实问题首先想到用游戏中的规则来认识和解决,无视社会现实和社会习俗。且其大多以"暴力、凶杀、色情"为主要内容,长期玩飙车、砍杀、爆破、枪战等游戏,火爆刺激的内容使游戏者模糊道德认知,人格异化引发道德沉沦、行为越轨,甚至导致违法犯罪的问题增多。

沉溺于网络游戏,将自己置身于虚拟的环境中,会使自己缺乏人际交往,逃避现实,心理产生自闭倾向和畸化,与社会和现实格格不入,同时又极大地浪费时间和金钱。

网络游戏会像吸食精神鸦片一样,使你丧失理性,无视法制约束,甚至会使人丧心病狂地抢劫、杀人、谋财害命,最终把自己送上刑场。因此,青少年在思想上首先要筑起牢固的防线,提高明白是非的能力。

想抵制对网络游戏的迷恋,可做以下尝试:

1. 游戏无限,时间有限。网络游戏不是人生的理想和目标,而是调节生活的手段和方式,两者不可错位。

2. 培养科学、健康的兴趣和爱好,把对电脑的兴趣转移到网页制作、网站建设、动画制作、电脑编程等网络知识方面。学会利用网络获取知识、获取信息、培养创造力,学会利用网络进行科学研究,学会利用网络资源提高学习效率。

3. 树立起科学的闲暇意识和闲暇态度,合理地安排自己的闲暇活动。热爱大自然,忘情于阳光、沙滩、海浪、草地、森林之中,在自然中培养情趣、放松身心。

4. 善于发现生活中的乐趣,树立比网络游戏更重要的目标,如朋友间的情谊,完成某一项探索活动等。

5. 遵守网络公共道德规范,严格自律,杜绝上不健康的网站。遵守未成年人不得进入网吧的规定。

6. 如果发现自己过度沉迷或依赖网络游戏,要及时进行心理调适或向心理医生咨询。

小心网络诈骗的陷阱

黎强喜欢上网,不过他和其他喜欢上网的男孩不太一样,他不喜欢玩游戏,也不喜欢泡论坛,他喜欢研究电脑技术。最近,黎强在一个群里认识了一个很厉害的网友。他自称是黑客,还教黎强怎么盗取别人游戏密码等,黎强所以很崇拜他。

忽然有一天,这个自称是黑客的网友让黎强在银行开个户头,往里面存 500 块钱,说他可以修改银行账户程序,往黎强的户头里面存很多的钱。黎强只是个初中生,零花钱很少,而他有许多想买的东西，最新出的电脑杂志，新款的运动鞋，还有给自己的电脑换个好配件……不过，黎强突然想到了爸爸常说的一句话：世上没有免费的午餐。他决定跟爸爸说一下这件事。

爸爸看了网友和黎强的聊天记录，告诉儿子："这是一起典型的网络诈骗，如果你真把钱存进去不但不会变多，还会连这500块都消失得无影无踪。"

黎强在爸爸的帮助下，联系了网络警察。

给男孩的悄悄话

网络使人与人的交流变成了人"机"模式，使一些不怀好意的人虚拟的事物更加逼近事实，或者能够更加隐蔽地掩盖事实真相，从而使善良的人们容易上当受骗。网上诈骗的陷阱大部分是以一定虚假的利益为诱饵，以骗取人们的钱财，青春期男孩们在网上浏览、交往时，如果对方要求你汇入一定的款项，允诺会获得巨大利益时，须知道这是个陷阱，切不可贪图蝇头小利，过分相信对方而受害。应养成正直、向上的人格，对"网上掉下来的馅饼"慎之又慎，还可以向公安机关举报此类诈骗事件。

男孩上网需要注意一下问题：

1.网络拍卖欺诈。以虚拟市场为诱饵，放出大量的拍卖信息。在消费者支付以后，他们得到的往往是价值较低的商品，或者什么也没有。

2.高价回收骗局。介绍某个项目或产品如何好，有高额利润回报，要求参与者花巨资买回生产资料或生产产品，他们负责回收。但回收时却以质量未达标或交货期延误为由拒绝回收。

3.利用特殊软件，进入一些网络游戏群发虚假的中奖信息，并声称获此奖项者必须先交纳一定数额的手续费，并让中奖者将手续费汇入他们提供的银行账户上，实际上子虚乌有。

4.大奖赛诈骗。发电子邮件的形式，告知中大奖了，要求你汇几元钱去确认，或者支付邮资以方便他们邮寄。别小瞧这几元钱，上当的人多了，数额可不得了。

5.收发电子邮件赚钱。以挣美元为诱饵，但结果是忙活了好一阵子，挣的钱还抵不上网费，白白为人家打工了。

6.传销综合非法集资。在电子邮件里告诉你在一定时间内把此信息复制多少份发给其他人，并寄去一定的钱款（一般数额不会很大），还列出一个数学计算方法，告诉参与者不久将会获得一笔可观的收入。

7.点击广告条。要求上网时打开广告商给的一个广告条，在网上浏览时阅读（显示）广告，广告代理商则会根据广告在你电脑上的显示时间或点击次数计算，支付给你一笔报酬，但通常没有下文。

8."创业机会"。电子邮件宣称，只需很少的资本和时间就可以开创属于自己的事业（当然要与他们合作），但其最终目的只是为了骗钱。

9."连锁店"。以"如何一月内赚到5万元"的动人口号，诱惑网友往指定的地点寄钱。

10."家庭代加工"。让网友购买他的原料，并许诺收购网友生产的产品。当然，不管如何努力生产，网友的产品都将是"不合格"的。

11."免费赠品"。从电话账号到电话卡都有。但如果真想拥有它，得先付一笔会员费，或吸引"下线"入会才行。

12．"内线消息"。向网友兜售所谓股市、汇市的内线消息。试想，如果消息真有效，那些人早就发大财了，何必还靠卖它为生。

13．"修改信用卡记录"。宣称只要肯付钱，他就能帮助网友修改不良的信用卡记录，或是帮助网友申请一张新卡，但是国际信用卡组织可不吃他这一套。

14．"卖假药"。从"减肥灵""伟哥"一直到治疗糖尿病的药都有，标榜独家秘方，其实是江湖郎中的"网络版"。

不要在网上随意交友

常利这几天只要一听见家里的电话响，就心惊胆战的，生怕又是那个讨厌的声音。现在常利真后悔，不应该随便把电话号码告诉别人的。

原来常利被一个名叫"芊草"的女网友给缠住了，几乎天天打电话和常利聊天，约他见面。爸爸妈妈怕影响常利学习，在接电话时告诉女网友，常利还是学生，不要影响他的学习。没有想到，女网友竟然义正词严地对常利的爸爸说："每个人都有交朋友的权利，你没有权力干涉我们！"她的话令常利一家哭笑不得。

这个网友有时半夜会突然打过来电话，家里以为出了什么急事，就慌慌张张地起床接电话，因为这个有一次妈妈起床接电话时还摔倒了。接起电话一听竟然是那个女网友要常利出去看月亮。这个网友令常利一家头疼不已，常利觉得很抱歉。

事情是这样的,原本不太聊天的常利最近迷上了QQ聊天,在网上碰到了"芊草"。芊草语言幽默,性格豪爽,俩人越聊越投机。常利就告诉了"芊草"学校地址和家庭电话。

常利还和"芊草"见了面,没有想到,"芊草"竟然是一个30多岁的妇女,现实中的谈吐举止和网上差别巨大。见面后常利就把她从好友里删了。没有想到,网上联系不到常利后,她开始天天往他家里打电话,还要去学校找他做朋友。

网友的不断骚扰给一家人带来了很大的困扰,现在爸爸妈妈已经决定报案了。常利现在后悔极了,没有想到自己随便交网友竟然给自己和家人带来了这么大的麻烦,以后一定不敢随便交网友了。

给男孩的悄悄话

青少年正处在青春期,这个时期的他们渴望友谊和交流,网上聊天给了他们倾诉的空间和对象。但是网上也有陷阱,对于天真单纯、涉世不深的青少年,特别是一些爱幻想、充满了好奇心的男孩来说,稍不留神,就会掉进网友设好的陷阱。

可见,结交网友不慎,会对自己的身心健康造成伤害,严重者还会招致杀身之祸。虽然网友大部分可以信赖,但毕竟网友是不可预知的陌生人,甚至可能暗藏杀机。青春期男孩缺乏社会经验,对危险估计不足,遇到意外往往会成为受害者。要注意以下三点:

1. 安全问题。盲目地去面见不相识的网友,其实就等于对自己的生命不负责任,也是对亲人的不负责。

2. 后果问题。真发生了侵害问题，自己身心受到伤害，家人、老师、同学也会因你受到伤害，甚至会造成幸福家庭的毁灭。

3. 影响问题。面见网友，会影响正常的学习，干扰正常的生活，带来严重的负面效果，还会给生活留下隐患。

青春期男孩在网络上交友时，需注意以下几点：

1. 时刻保持警惕，不要轻信他人。

2. 告诉网上的人关于你自己和家里的事情。网上遇见的人都是陌生人，所以你千万不可以随便把家里的地址、电话、你的学校和班级、家庭经济状况等个人信息告诉你在网上结识的人。

3. 密码只属于你一个人。所以不要把自己在网上用的名称、密码告诉网友。

4. 不轻易相信网上的人讲的话。任何人都可以在网上告诉你一个假名字，或改变性别等。你在网上读到的信息都可能不是真的。对于那些不停索取私人通信方式，或主动给你QQ、电话等的人，一定要慎重对待。

5. 不邀请网上结识的人来自己家。尤其是当你单独在家时。

6. 保持平常心，提醒自己正在做什么。想进一步与对方加深关系之前，回顾一下自己的交友过程，并反思自己想要得到什么。不要强迫自己做使自己或他人不愉快的事情，不要过早过快地投入感情，尤其是在约会前，应慎重考虑。

7. 选择公共场所约会，并告知他人，或让亲友陪同。如果对对方有足够信任，且到了可以约会的程度，在约会前要确定一个首要原则：单独去一个陌生、偏僻的场所和陌生人约会是非常危险的。

8. 约会时要察言观色。不可能通过网络了解一个人的真实背景或真正性格,所以约会时要随时观察对方,防止发生意外的伤害。在任何情况下都要确信自己的判断,确认他人的行为是否会伤害到自己。

远离赌博

　　王锋最近上课注意力总是不集中,还瞌睡连天。

　　早上九点,语文课上,林老师正在声情并茂地讲述《背影》,讲台下很多同学眼里已经泛起泪光,老师对学习效果很是满意。眼光一瞥,竟然看见王锋趴在桌子上睡着了。"文中一共描写了父亲的几次背影,分别表达了作者的什么感情,王锋同学,你来回答一下!"老师提问道。觉得同桌在晃他,王锋睁开迷蒙的睡眼,看着同桌怔怔地问道:"下课了?这么快!"全班哄堂大笑。

　　课后林老师把王锋叫到办公室严厉地问他:"最近怎么回事,上课总是瞌睡,这几天的作业都很潦草,上周的作文都跑题了!出什么事了吗?"王锋嗫嚅道:"我……我最近睡得有点晚……上课就犯困。"老师一听觉得有问题,于是接着问:"那你晚上都干什么了,为什么不早点睡呢?是作业太多还是看电视看得太晚?""都不是,就是……家里妈妈他们打麻将,有时候人不够……拿我凑数。"王锋小声说。

　　原来,王锋的妈妈最近迷上了麻将,吃过晚饭后,就在家里摆牌局。写完作业后，王锋偶尔也会过去看看，觉得很新奇。刚开始爸爸妈妈不让他看，怕影响他学习，时间长了没发现什么异常也就不管他了。有时候牌瘾上来，"三缺一"的时候还会拉王锋凑数。王锋玩麻将只赢钱不输钱，因为大人们都不要他的钱，他还用自己"赚"的钱买了心仪已久的飞机模型，为此他很是得意。

慢慢地王锋也渐渐痴迷打麻将了。放学后潦草地把作业写完，就等着妈妈他们打麻将。妈妈他们一般都能玩到凌晨以后，虽然王锋被强制回房睡觉，但是听着外面搓麻将的声音心里就痒痒的，在床上一直翻腾到牌局结束才能入睡。白天上课时，除了打瞌睡就是回想昨天晚上的牌局。

林老师意识到问题很严重，当即教育了王锋并马上找到了王锋的父母。爸爸妈妈没有想到自己的娱乐活动给孩子带来了这么坏的影响，当即保证再也不让王锋接触麻将。

给男孩的悄悄话

俗语说得好："赌博赌博，越赌越薄。"可就是这么一个让人越来越"薄"的"赌"，使一些孩子走向了歧途。因此，青春期的男孩有必要来认识清楚赌博的危害。

赌博是以扑克、麻将等工具，用财物作赌注争输赢的行为。目前，在青少年之中，这种不良行为具有很高的发生率。大量事例证明，青少年赌博的危害性极大。

青春期男孩赌博往往会导致学习成绩下降，并会诱发失眠、神经衰弱、记忆力下降等症状，造成心理素质、道德品质下降，伴随而来的是社会责任感、耻辱感、自尊心都会受到严重削弱,更严重的是赌博还会导致违法犯罪,现实生活中有许多男孩因为赌博引起暴力犯罪。

麻将桌旁发生的一则则悲喜剧说明对麻将的成瘾完全不亚于吸毒。南方一城市的麻将桌上发生过这样的事:由于两人输了要扳回来,另外两人赢了还想再多赢一些,结果,两夜三天的鏖战使得一人因中风死亡,一人因憋尿而死,还有一人因中风而半身不遂。

既然认识到了赌博的危害性,那么,陷入赌博中的问题孩子该如何与赌博说再见呢?

首先认识到赌博的危害性。寻找丰富的娱乐活动,比如钓鱼、看书、打球等,来代替赌博这种娱乐活动。

同时应该认识到十赌九输的特点。不要抱有侥幸心理,输了别想去捞回,赢了不要还想赢。平时生活中避免出席任何赌博场合,培养其他可取代赌博的嗜好,打消赌博的念头。

青春期男孩可以选择定时做运动(如缓步跑)及学习松弛的技巧(如冥想或瑜伽),或进行休闲活动(如听音乐、与朋友逛街),借此驱走闷气,舒缓紧张的情绪。赌博是一种习惯性行为,戒除赌博不容易,但如果你拥有坚定的意志,那么你就一定能够克服赌博问题。

青春期正是身体和心理成长的关键时期,人生中很多良好的习惯和性格的养成都是在这时候打下基础的。那么,对于这一时期的男孩来说,健康趣味的养成会成为自身一种无形的资本,并会使得自己以后的人生受益无穷。

别被网络黄毒毁了

淙淙是个初中生了，一个偶然的机会，他从网上发现了一个黄色网站。网站上都是一些年轻女孩穿着暴露的图片，淙淙出于好奇，就进入了那个网站。除了暴露的贴图以外，还有一些跟帖和留言，那些留言是在评论一些女孩，内容都非常低俗不堪入目。淙淙从来没有接触过这些东西，他在学校跟女生说句话都要脸红半天呢，一些调情的话让淙淙在电脑前都觉得自己的脸是火辣辣的。

他赶紧关掉了那个网站。

但是睡前，淙淙突然又想起了网站里的东西，他又点开了那个网站的主页。这次打开网页前，他先把卧室的门锁了起来。万一爸爸妈妈突然冲过来，他就没法交代了。做完"准备工作"，淙淙在电脑前长出了一口气，才屏住呼吸，打开了一个视频。

自此，他疯狂迷恋这个网站，他专门申请了账号，还故意把自己的年龄写成了30岁，每天放学都沉迷于这个黄色网站。淙淙甚至在这里结交了一些"朋友"，一些年轻的女孩还主动约他见面。每天在网上聊天到深夜，自然白天的学习效率是没法保障的。淙淙的成绩一落千丈，精神也萎靡了。而且他开始频繁的手淫，手淫后又产生深深的罪恶感。

他陷入自己闯入的怪圈里无法自拔。他开始悄悄从家里拿钱，去支付打开特殊视频的费用。

爸爸妈妈终于觉察到了淙淙的变化。开始妈妈和善地跟淙淙探讨最近学习下降的问题,看着他好像精神不太好的样子,妈妈还建议淙淙去医院检查一下。妈妈怀疑是不是学习压力大累坏了宝贝儿子。等爸爸用淙淙的电脑查阅一个文件的时候,才发现了淙淙登录黄色网站的事情。

终于找到了问题的症结,爸爸妈妈商量了很久,决定正面和淙淙谈谈这个事情。儿子长大了,也开始关注男女之事了。单纯制止肯定没法消除他想要了解这方面事情的欲望,那么,就把所有的事情都讲给他听,以免儿子再受那些黄色网站的诱惑,把前程毁掉。

一个小型家庭会议等待着淙淙参加……

给男孩的悄悄话

生活中有形形色色的诱惑,它们是一个个看不见的却足以把青少年推进厄运深渊的隐形恶魔。有时候,某些不怀好意的人,将青少年心里一些原本正当的欲望,如对性的了解欲,或是对不熟悉的事物的求知欲等激活、放大,并扭曲,通过阻碍青少年正常的思考而达到他们不可告人的目的。而在这众多危害中,网络黄毒,正以强大的势头向刚步入青春期的孩子袭来。有许许多多青少年面临着与淙淙同样的问题,一些男孩甚至因为网络黄毒做出了无法挽回的事情。

对于含有如此剧毒的网络黄片,青少年时期的孩子一定要提高警惕，擦亮眼睛，不入圈套。黄色网站里的内容极其下流，诱惑力极强，对学生的身心健康、思想意识、日常学习有极坏的影响，不仅是公安机关严厉打击的对象，也是人们自觉抵制的对象。学生上网查阅资料时，要注意关键词的使用。有些色情网站，为了逃避打击，经常以类似的名称出现在人们面前。浏览时要时刻警惕，一旦无意识地打开了黄色网站，要立刻关闭，不能关闭时，要强行关机。不要有丝毫的好奇心，更不能抱着只看一次，下次不看的念头。在黄色网站的诱惑面前，有了第一次，就可能有第二次、第三次……

在浏览网页时，一些伪装的黄色网站的页面会不请自到，有时会突然跳出来骚扰你。无论以什么方式出现，都要立刻关掉它。也可以请网络高手为你的计算机设置反入侵程序，积极阻断"黄客"的侵入。

处于青春期的男孩子们，一定要通过正确的途径了解性，要远离网络黄色鸦片，保护自己人生美好的花季中健康成长，不要轻易被网络黄毒所俘虏。

树立正确的金钱观

每天上学、放学，李雷都会有专车专人接送。当他从宝马车上走下来的那一刻，班上同学常常流露出羡慕的眼光，"哇！真没想到李雷家这么有钱啊！家里开的竟然是宝马。""你不知道吗？他可是我们学校出了名的'阔少爷'，上下学专人专车接送。"这样的话语早就在同学们间传开了，李雷听后内心得意极了，心里暗自高兴,仗着自己家里有钱,他变得越来越傲慢了。在他的眼里,自己总是高人一等,家境贫寒的同学根本不配做他的朋友。为此,他总是独来独往,几乎没有朋友。

每天上学时,李雷的书包里塞满了好吃的零食,还时常不忘带上爸爸从国外买回来的电动玩具,在同学面前炫耀一番。下课的时候,他独自一人慢慢地品尝着美味,从来不与同学一起分享。有一天下课,旁边的唐浩同学看见他正在玩弄玩具,听说这可是最新上市的一款玩具,他忍不住想伸手摸一摸。李雷见后大声叫喊道:"快!住手!你给我放下,万一被你弄坏了,你赔得起吗?就靠你爸收废品那点钱,你想都不要想。"唐浩听后涨红了脸,赶紧把手缩了回来,一言不发地坐回到了座位上。

班长听后,忙对李雷说:"上次为灾区捐款的事你还记得吗?唐浩没有向父母要过一分钱,为了能多为灾区捐一点钱,他利用放学的时间,到大街小巷拣废旧品、易拉罐和塑料瓶,不怕脏不怕累,把换来的钱全部捐给了灾区。而你却把父母给你的零花钱大手大脚地花在了吃喝玩乐上,在为灾区捐款时,你还支支吾吾,闪烁其词,不太乐意参与到这项活动中来。最后,还是你问父母要钱,向灾区捐的款。""我们应该向唐浩学习,通过自己的辛勤劳动,筹集善款,向灾区表达我们的一份心意。"旁边的同学也你一言我一语地说开了:"我们都是好同学好朋友,不要因为同学家境贫寒的原因,而看不起同学,不愿与他做朋友。""用钱买不到同学对你的关心,买不到我们之间的友谊。"

此时，一直站在教室门口关注孩子们的班主任王老师走了进来，她轻轻地拍了拍李雷的肩膀，亲切地对他说："现在你花的钱都是父母的钱，他们赚钱也不容易啊！要养成节俭的好习惯，还有，不要用金钱来衡量同学间的友谊，金钱换不来友情。"李雷听后，若有所思地点了点头，认识到自己错了，决定向唐浩道歉。

"唐浩，对不起，我不应该那样对你说话，希望你能原谅我。"

"没关系，我们一直都是好朋友啊！"唐浩说完，老师和同学们都笑了。

给男孩的悄悄话

现实生活中，许多人或者是因钱而导致朋友的纠纷，感情的背离，或是因为钱已够多而失去了目标。总之，他们对钱又爱又恨，没有钱会烦恼，有了钱不一定就会得到快乐。

在如何对待金钱的问题上，经常有两种极端做法。有些人只认钱、不认人，他们的唯一目标就是金钱，金钱成了支配他们生活的最重要的因素。

还有另外一个极端，这是一些在任何情况下都绝不希望成为守财奴的人士。只要可能，他们总是避免和金钱发生关系。他们把其他事物置于铜臭之上，例如人与人之间的关系、家庭、健康、精神生活、温情。反正这种类型的人总是尽量回避"金钱"这个题目，收到的账单不开封，银行账单看也不看，绝对不谈论金钱。

这两种做法都过于极端。我们必须明确，金钱对我们到底有多么重要，我们需要为此付出多少时间。我们必须学会把金钱变成我们生活中的助手。

生活中，不少青少年要么花钱毫无节制，如流水一般；要么小气吝啬，如一只"铁公鸡"。

凡吝啬的人都是金钱的奴隶，而不是主人。对这类人来说，唯有金钱、财物才是最为重要的。为钱而钱，为财而财，敛钱、敛财是这类人的最大嗜好，也是他们人生的最大目的。他们的生活公式是：挣钱、存钱、再挣钱、再存钱……他们的最大乐趣是"数钱"：今天比昨天多了多少，明天比今天还会多多少；他们的哲学是：多了还要多，永远不会有满足的时候。

凡吝啬的人一般都不懂人与人的感情。他们不懂得亲情，不懂得友谊，不懂得人与人之间的感情，若是有的话，也要以金钱的标准去衡量。一般的处世原则是，认钱不认人。即使是对家人，也始终毫不含糊，"账"总是算得清清楚楚的，为了金钱有的甚至达到了"六亲不认"的程度。

凡吝啬的人一般都是自私的、贪婪的。这类人总是嫌自己发财的速度太慢，总想不劳多获。

吝啬贪婪者金钱、财富都不缺，然而其灵魂、其精神却是在日趋贫穷。

吝啬果真能给吝啬者带来愉快吗？不能。其实吝啬者的生活是最不安宁的，他们整天忙着的是挣钱，最担心的是丢钱，唯恐盗贼将他的金钱全部偷走，唯恐一场大火将其财产全部吞噬掉，唯恐自己的亲人将它全部挥霍掉而整天提心吊胆，坐立不安，永远不会是愉快的。

吝啬者小气、心胸狭窄，在他们身上很少体现亲情二字，所以其内心世界是极其孤独的。尤其是当他们有难的时候，他们才会感到缺少感情支持的悲怆，才会感到因为吝啬而失去的东西实在太多了，才会充分感觉到金钱的真正无能。

对于金钱，青春期男孩应树立正确的观念：

1. 珍惜每一分钱，将它用在点儿上。大手大脚、挥霍浪费只会损害你的将来。

2. 既不回避、鄙夷它，也不贪婪、吝啬，应保持平常之心。

3. 钱既是罪恶之源，又是人生的好帮手，钱的作用取决于你的驾驭之法。

保护好你的眼睛

卓然是个 17 岁的男生，现在在离家很近的高中念高二，父母的工作都很忙，每天很晚才到家。每天放学回来，卓然都是照例打开电脑，在电脑前玩游戏，为了专心致志地玩，很多时候都趴在桌子上，离电脑很近。妈妈有一次看见卓然玩电脑，就让他离远点，但是，远了之后影响游戏效果，卓然坐着坐着，就又靠到了电脑前面。暑假的时候，没有其他的活动，外面又酷热难耐，卓然每天从早晨起来就开始坐到电脑前上网、玩游戏或者看电影。直到晚上和爸妈一起吃饭才会离开电脑桌。

一个多月的暑假结束了，卓然发现了一个不幸的事情，本来，可以在自己的窗前清楚地看见远处那个商业大楼上的广告牌，但是现在看不清楚了，第一次看不清楚，他以为是光线的问题。第二天早晨起来，他又去看那个大楼的广告牌，依然看不清楚。难道是近视了？他内心开始忐忑。这么大的男孩子，很讨厌戴眼镜，运动的时候很不方便。隔壁班的一个男孩在打篮球的时候眼镜就被打掉了，摔到地上，然后他连球在哪都看不清楚了。

难道我也近视了吗？卓然反复地问自己。为了验证一下，他还是去了医院验光。验光的结果是，假性近视。他叹了口气。医生告诉他这是用眼过度和用眼不卫生造成的，又详细地给他解释了如何科学地用眼。他慢慢地舒缓了自己的情绪，专心地听医生讲所有的注意事项，认真地记录下来。

回到家以后，他开始严格控制自己上网的时间，每隔一段时间之后就做一次眼保健操，还戒掉了自己睡前躺着看书的习惯，慢慢地，他感觉自己视力得到了恢复。

几个月之后，他的视力终于又恢复到暑假前的状态了，又能见到他在篮球场上生龙活虎的拼抢了。

给男孩的悄悄话

通过自己改变用眼习惯，卓然保持了自己的好视力。

一位名人曾经说过这么一句话："健康是一种自由——在一切自由中首屈一指。"如果健康不在了，那么自由也就没有意义了。况且眼睛是要陪伴我们走完一辈子的，因此我们也有必要对它们进行细心呵护。

读书、看电视时注意距离、光线。尽量不在乘车、走路时看书，同时要注意眼病的预防和治疗。多做转眼运动，可锻炼眼肌，使眼睛灵活自如。将双手摩擦暖和，闭上双眼，用手掌盖住眼圈，再深缓地呼吸。每天做一做眼保健操，如按太阳穴、轮刮眼眶。

在微暗的灯光下阅读，不会伤害眼睛，但若光线未提供足够的明暗对比，将使眼睛容易疲劳。使用能提供明暗对比的柔和灯光（不刺眼的光线），勿使用直接将光线反射入眼睛的电灯。

缓解眼睛疲劳的最佳方式是让眼睛休息。这比你想象的还简单，你可以一边打电话，一边闭着眼睛。你若无需读什么或写什么，那么大可以在聊天时闭上眼睛休息。在打电话时练习此方法的人都说，眼睛的确舒服许多，而且有助于消除眼睛疲劳。

青春期的男孩的大部分视力问题都与使用电脑有关。如果你连续使用电脑6～8小时，应每2～3小时休息一次。喝杯咖啡、上个厕所或只是让眼睛离开电脑10～15分钟。

电脑屏幕上的字体及数字就像小灯泡，直接将光线打入你的眼睛。因此，你需要降低荧幕的亮度，并调整反差（明暗对比）使字体清晰。要缓解眼睛疲劳，最好是将电脑置于黑暗中。买一块全黑的厚纸板，放在屏幕顶端，将多出来的两边向下折，如此可以方便地伸缩这头罩。这样作用相当于将电脑放入黑盒子内，使你能将屏幕光线调到很低，以保护眼睛。

学会打求救电话

张振上周末回家，奶奶正好发病。幸亏自己及时拨打了医院急救电话，由于抢救及时，现在奶奶已经没有危险，身体正在好转。

周末，爸爸妈妈出去参加朋友婚礼，家里就只有奶奶，张振和 6 岁的小堂弟。张振正在屋里写作业，突然听到客厅里堂弟大哭着喊："奶奶，怎么了，快起来，哥哥，快点，奶奶摔倒了！"张振赶紧往外跑，一看奶奶已经从沙发上滑下来了，躺倒在地上。小堂弟在不断地摇晃着奶奶。

张振一看，知道奶奶不是单纯的跌倒，怀疑是奶奶多年的心脑血管病犯了。马上朝弟弟喊道："别动奶奶，会加重病情的。"张振边喊边快速拿起电话，拨打了 120。

"这里是和平小区 3 号楼一单元 506 室，我奶奶今年 75 岁，突然跌倒了，可能是心脑血管病犯了，现在手脚抽搐，人已经昏迷了，请快点派救护车过来！"

张振按照电话里医生的吩咐，把奶奶摆成平卧体位，并拉住哭喊的堂弟，不让他去碰奶奶。又迅速给家里人都打了电话。五分钟后，救护车到了。

由于发现抢救及时，奶奶很快就脱离了危险，要是当时张振没有立即拨打急救电话，后果简直不堪设想。

给男孩的悄悄话

张振及时、正确地拨打了求助电话，使奶奶转危为安。如果张振见到奶奶发病因慌乱而忘记拨打求助电话，或者是不知道如何向电话另一端的救助人员倾诉，奶奶的生命就会堪忧。由此可见，知道如何拨打求助电话对男孩来说是重要的生活常识。

下面，我们就来学习如何拨打紧急求救电话：

1. 紧急报火警。发现大火并确认是火灾时，要立刻拨打"119"电话，不要紧张，准确向对方说明大火的位置，目前的火情，是什么原因引起的，有无人员被围困，等等。

2. 紧急报匪警。发现坏人进行违法犯罪活动时，要立刻拨打"110"电话，简单扼要地说明问题。如犯罪人的地点，犯罪人的人数，目前在干什么，有没有凶器，有无交通工具，有无人员伤害，有无爆炸物，等等。

3. 紧急报交通警。看见路途上出了交通事故，或者自己家人出了交通事故，要立刻拨打"122"电话，讲清楚交通事故的位置，车辆情况，有无人员伤亡，车辆的牌号，等等。

4. 紧急拨打急救中心电话。发现有人突然发病，要立刻拨打"120"电话，准确说清楚病人的地址，是什么病（伤），目前的生命情况，工作单位、性别，等等。

了解溺水自救常识

卫平最近刚刚学会了游泳，一直向爸爸妈妈吹嘘他的游泳技术有多好，扬言要和爸爸比试一下，要知道，卫平的爸爸可是游泳健将呢。

周末，父子俩一起到了游泳馆。在游泳池里，卫平不断地变换游泳姿势，一会蛙泳，一会狗刨，得意地向爸爸展示着自己的学习成果。轮到爸爸了，没想到他蝶泳、仰泳、蛙泳、自由泳样样都会，而且姿势优美，速度还那么快，卫平佩服极了。

卫平想去深水区尝试一下，可是爸爸就是不允许。爸爸精湛的游泳技术吸引了很多人围观，纷纷要让他教游泳，他看起来得意极了。趁爸爸不注意，卫平悄悄到了深水区。

来到深水区后，卫平感觉游起来似乎轻松了很多，于是就欢快地游起来。没想到突然小腿抽筋了，眼看周围没什么人，卫平一下子就慌了。他拼命地挣扎想上岸，在挣扎过程中，他连续呛了几口水，抽筋加剧了，并且开始下沉。在这危急关头，救生员发现了卫平的状况，迅速下水施救，慌乱中的卫平紧紧抱着救生员。

爸爸不断责怪自己粗心大意没有照管好儿子，并且责问卫平："你难道只是学习游泳技术，连一点自救知识也没有吗？"卫平听了不服气，委屈地说："我都抽筋呛水了，怎么自救。"

爸爸严肃地说："发生意外情况溺水时，千万不要慌张地挣扎，越挣扎越沉得快，而且会加剧腿部抽筋。要想办法呼救，我都没有听到你的声音！另外，别人施救时，千万不要紧紧抱住施救人员，这样会让你们同时陷入危险的。"

"今天出了这样的事，确实有我的责任，但是你的自救知识也太匮乏了。要是在外面游泳，周围又没有人，那就危险了！"爸爸后怕地继续说道："你在学习游泳技术之前应该先学会自救知识，遇到意外时才有可能从容应付。看来现在很有必要给你讲一下自救知识啊!"

于是爸爸就讲解了游泳抽筋时应该怎么处理,溺水时具体应该怎么做。

卫平挺羞愧的,本来是想向爸爸炫耀自己的游泳本领的,没想到居然出了这么大丑。不过现在已经懂了很多溺水自救的知识了,相信以后不会发生这种情况了。

给男孩的悄悄话

男孩子们夏天都喜欢游泳,有些男孩会选择安全较有保障的游泳馆,还有一些顽皮的男孩直接跑到河里、池塘里去游泳。几乎每年都有青少年溺水事件发生。

溺水对生命最大的威胁是水能堵住人的呼吸道,造成窒息缺氧死亡。溺水往往具有发生突然、危险进程快的特点,一般情况下 4~6 分钟就可能导致人呼吸和心跳停止而死亡。所以做好预防和抢救工作对保证自己的生命有重要的意义。

男孩们如果不慎落水或在水中发生意外,应采用以下几种方法自救:

1. 保持镇静,采取仰面位,即在水中头向后仰,口鼻向上并尽力露出水面。

2. 呼吸要注意做到呼气浅而吸气深,并防止发生呛水。

3. 不要向上伸手臂进行挣扎,这样只能使人加速下沉。

4. 因腿抽筋不能游动导致下沉时,应及时呼救;如附近无人,应保持镇静,设法向浅水或岸边靠近。

野外遇险知道如何发求救信号

终于放暑假了,喜欢户外登山运动的王帅联络了几个有共同爱好的同学成立了一个"暑假登山队"。

周一天气晴朗,而且气温不高,是自己团队开展活动的好时间。确定好时间,王帅他们几个小伙子开始确定登山路线。几个小伙子为了这次登山做了大量的准备,包括鞋子、服装、背包的选择,还带了足够的水和食物。

爸爸看着王帅兴高采烈地忙碌着,就帮着检查了一下物品。"怎么没有哨子、打火机、手电筒之类的?"爸爸惊奇地问。"您以为我还是小孩,还爱玩哨子呢?"王帅不禁笑起来,"又不是去野炊,不用带打火机。当天就能回来要手电筒就更没有用了!"王帅感到爸爸的话很好笑。

爸爸看着王帅,严肃地说:"山上通常会很空旷,又多有茂密的植物,不小心就会和同伴走散迷路。要是迷路了,和同学走散了,你应该怎么办呢?"

王帅一下被爸爸问住了,他还从来没有想到过这种情况呢。想到爸爸说的几样物品,突然明白了:"是不是要是迷路了,又没有力气喊,就拼命吹哨子,晚上可以用打火机或手电筒照明,这样就可以让别人发现我们?"

爸爸摇摇头,说道:"可以让别人发现你们,但是别人不知道你们需要帮助啊。""这都是有专门的求救信号的,只有正确地使用求救信号,才能及时得到救援。"爸爸接着说。王帅觉得更疑惑了。

看着王帅对这方面的知识一无所知,爸爸决定给儿子好好补补课。于是详细地给王帅讲了求救信号的种类,如烟火信号、声音信号以及色彩信号等,并讲了应该如何正确利用这些信号,在必要的时候帮助自己摆脱困境。

"实在是太神奇了!原来有这么多信号,每种信号都这么有讲究!我学到了很多,谢谢老爸!"王帅欢快地对爸爸说。他把这些详细记录下来,并做了整理。他要迫不及待地要把这些知识和他的队友分享。

给男孩的悄悄话

男孩在野外游玩,很多时候可能会遇到一些连自己和身边的朋友或家人都无法解决的难题。这时候就需要男孩及时对外求救。那么对求救信号的发送,你了解多少呢?

1. 国际通用的山中求救信号是哨声或光照,每分钟6响或闪照6次,间隔一分钟后,重复同样的信号。

2. 如果有火柴和木柴,则可以点起一堆火,烧旺后加些湿枝叶或青草,使之升起大量浓烟。

3. 穿着颜色鲜艳的衣服,帽子也应选择鲜艳的。

4. 用树枝、石块或衣服等物在空地上砌出SOS或其他求救字样,每字最少长6米。如在雪地上,则在雪上踩出这些字。

5. 用颜色最鲜艳、宽大的衣服当旗子，不断挥动。

6. 看见直升机到山上来援救飞近时，引燃烟幕信号弹（如果有的话），或在附近生一把火，升起浓烟，让救援者知道风向，这样能帮助救援者准确地掌握停靠的位置。

在野外游玩，男孩们欣赏山水美景的同时，还要注意安全，不要因为玩而受到伤害。以上方法一定要记牢，遇到危险的时候能够起到救助作用。

遇到绑架随机应变

"听说老林家的儿子被绑架了！""是啊，那绑匪也太丧心病狂了，那孩子还这么小，真下得去手！""救出来了吗？""救出来了，听说身上有伤！"最近几天白马小区里都议论纷纷。

被绑架的是10岁的林林，一个可爱的小男孩。林林和刘伟同住在一个单元楼，见面林林总是热情地叫刘伟哥哥。慢慢地两个人就熟悉了。林林总是缠着刘伟让他陪自己踢球，给他讲故事。刘伟很喜欢这个热情的小男孩。

这次林林被绑架，对刘伟一家人的震动很大。一直觉得绑架这种事情离自己的生活挺遥远，没有想到这么不可思议的事情竟然会发生在自己身边。

被解救回来的林林，除了身上有很多瘀伤之外，最令人痛心的是，原本活泼开朗的他现在怕见到陌生人，见人就躲。这次绑架给林林幼小的心灵带来了挥之不去的阴影。

据说是因为林林平时总是全身穿着名牌地在小区里进进出出，引起了坏人的注意。有一天，当林林独自在小区广场玩耍时。那个绑匪用一个冰激凌就把林林骗走了。

林林出事之后，爸爸妈妈对刘伟的安全提高了警惕。他们不断地重复：有陌生人接近你时，一定要保持距离；陌生人给的水、食物都不能碰，礼物坚决不收……

刘伟也觉得自己太缺乏这方面的知识，就在网上搜集了很多警惕预防绑架以及被绑架后如何应对的方法。并且在爸爸的帮助下，把这些知识归纳整理后誉抄在笔记本上。他要把这些知识和同学们一起分享，共同提高警惕，加强自身安全。

给男孩的悄悄话

青少年经验少，对社会认识不足容易轻信他人，因此很容易成为绑匪的目标，那么我们应该怎样预防遭绑架劫持呢？如果不幸遇到，我们又该怎样应对呢？

青少年应该自己提高警惕：

1. 不要独自外出、上下学，要和其他人结伴而行。
2. 出外时将行踪告知父母或老师，并说明返回的时间。
3. 进出家门要养成随手关门的习惯，以防坏人入室。
4. 不接受陌生人赠予的任何东西。
5. 不搭陌生人的顺风车。
6. 如果遇到陌生人驾车问路，应保持一定距离，不可贴近车身。

7.平日穿戴整洁干净即可,不要盲目追求名牌,过分招摇。

8.如果遇到紧急状况,约定暗语、代号。

9.应学会拨打紧急求助电话,及时求助。

如果真被绑架,应该尽量做到:

1.保持头脑冷静,千万不要惊慌失措。冷静思考对策,并观察周围的环境,看是否有逃脱的可能。如果自己手足无措将使自己处于更不利的环境。

2.要有坚定的求生信念,不论什么时候都不要放弃。被绑架后心情很容易悲观、失望甚至绝望。要坚信自己不是孤立无援的。我们的父母、老师、朋友、警方都在为解救自己而努力。不能在劫持者伤害自己之前先被自己打垮。

3.尽量周旋,稳定绑匪的情绪。可以表面上装出很温顺乖巧的样子,降低绑匪对你的防备,伺机逃跑,但是如果地处偏远,周围没有人烟,一定避免和绑匪搏斗或是盲目的呼救,以免造成不必要的伤害。

4.尽量避免大幅度动作,以免刺激劫持歹徒。做出一些过激行为。

5.当绑匪要你写信或者打电话给家里人时,应当尽可能地透漏自己的行踪,所处位置,在打电话的时候尽量拖延通话时间,便于警方调查追踪。

6.被关押后,应仔细观察环境,如有临街的窗户,可写纸条扔到窗下寻求帮助。也可以利用东西敲击下水道,引起其他人的注意。这些行动都以不惊动绑匪为前提。

7.要设法记住绑匪的外貌、口音或者车牌号,以便日后协助警方尽快破案。

警惕搭话的陌生人

放学后,欧阳林林走出校门与同学道别不久,一个推着自行车的年轻人迎上前去,对欧阳林林说:"你爸爸在外出事了,他让我来接你。"欧阳林林的爸爸是开出租车的司机。一听爸爸"出了事",欧阳林林头脑里的第一个信号就是"车祸事故",因为这是他经常担心的事情,所以对这个虽然陌生但热情有余的"大哥哥"的话深信不疑。欧阳林林说了声"谢谢"后,便坐上了陌生人自行车的后座。

陌生人蹬着自行车飞快地向野外奔去,他一边蹬车一边与欧阳林林交谈,打听欧阳林林爸爸妈妈的姓名、职业和家庭住址、电话号码。当他获悉欧阳林林的家庭状况时,心中暗自得意。待到僻静处,残忍的陌生人将毫无提防的欧阳林林掐死,又迫不及待地按欧阳林林提供的电话吩咐欧阳林林父母拿赎金来换人质。欧阳林林的爸爸及时报了案,最终将犯罪分子绳之以法。

给男孩的悄悄话

如果有陌生人告诉你,说你家中发生了意外,如家长受伤、急病住院等要带你走时,你千万不可相信。

外出时,遇到素不相识的成年人(包括女性)与你搭讪,最好不要理会,更不要过分热情。如果对方以各种理由提出带你离开时,千万不可轻信；即使你经过盘问考察，自以为对方可以相信，也要告诉熟人、邻居，听取他们的意见，至少让他们知道你的去向，否则是十分危险的。

路遇陌生人突然上来与你搭话，要抱持戒备之心，对其所说的话不可轻信。如对方需要指路或钱财帮助，可以告诉他去找警察帮助，或为他直接拨打"110"求助。

平时不搭乘陌生人的便车，也不要接受陌生人的钱物、玩具、礼物、食品、饮料、香烟。如果陌生人在你放学途中强行接你走或对你纠缠，应立即向附近的巡警、交警报告，或往人多的地方跑，千万不要跟随陌生人到僻静的角落去。

由于这世界上存在很多无法预料的事情，男孩一定要提高自我保护意识，防范可能出现的各种危险。

遇到劫匪学会正确应对

海洋在另外一个城市读高中，放寒假的时候，海洋独自一人背着大包小包往家赶，由于临近过年，坐车的人特别多，路也堵。下车的时候天都黑了，也没有和家里人说好去接。

一下车，看着周围黑乎乎的一片，原本很熟悉的环境突然觉得很陌生了。四处一看只有前面小镇上有灯光，路上一个行人也没有。

海洋感觉有点害怕了，就拿起手机给爸爸打了一个电话，告诉爸爸现在的地址，让爸爸尽快过来接他。刚挂了电话，不知道从哪冒出来一个人，戴着黑色的帽子，黑色的口罩，还有黑色的风衣。海洋脑子里马上闪出一个念头："打劫的！"

不出所料，那个黑衣人果然是打劫的。他从怀里掏出一把明晃晃的匕首，走近海洋恶狠狠地说："别动，把身上值钱的东西都交出来。要是喊，小心捅了你。"海洋想呼救，朝四周看了一下：周围一个人都没有，距小镇还有一段距离，不会有人听见的。

自己曾经练过一段时间的跆拳道，海洋想与劫匪拼一下，又看了一眼他手中的匕首，心里又很没有底。就想尽量拖延时间等爸爸过来，可是爸爸过来至少得半个小时，时间肯定不够。

想了想，还是人身安全要紧，仔细打量了劫匪几眼，就把兜里的钱掏出来给了劫匪，劫匪显然不满足，过去打开海洋的包，把他的钱包，手机等全部拿走了。临走，劫匪又一次威胁道："不许声张！"然后就快速消失在夜色里。

劫匪走后，海洋收拾起包裹，迅速跑到小镇上，马上报警。又给爸爸打了一个电话。爸爸赶到时，已经有警察在调查了。在这次遭劫事件中，海洋丢失了几百元钱现金，手机，还有一些证件，所幸自己没有受伤。

回到家，家里人都长吁短叹，都夸海洋做得好，遇到劫匪时，如果没有条件反击，最重要的就是保护自己的人身安全。

给男孩的悄悄话

生活中可能发生各种意外，劫匪并不是只有在电视剧才会出现，他有可能出现在你身边对你伸出黑手。男孩们在遇到劫匪时，要镇定勇敢，与劫匪周旋，保证人身安全。下面就为大家介绍几种应对劫匪的方法：

1.对劫匪高声呵斥，言词要强硬，以泼辣的姿态将其吓退。

2.如果歹徒扑上来，用泥沙、石灰、砖块、背包等身边的物品全力还击。

3.倘若劫匪从背后袭击，脖子被其双臂勒住，可稍微转身，用肘部向后猛击劫匪的腹部或用脚猛跺其脚面和小腿，迫使其松开双臂，得以脱身。

4.如果与劫匪正面遭遇，可以靠近劫匪，抬起膝盖向其胯下猛击。如果劫匪穿着大衣或者比较灵活，建议不用此法。

5.如果手头有伞或者其他带尖手杖等物品，可以用尖头部分狠刺劫匪。还可以两指叉开成"V"字形，攻击劫匪的眼睛。

6.与坏人搏斗时要高声喊叫，尽量向灯光明亮处逃跑，同时打110报警。

7.如果歹徒强悍有力，自己又孤立无援，此时可佯装顺从，尽量拖延时间，并趁其不备全力将他推倒或狠击其致命处，使其丧失攻击力，迅速脱身。

8.记下坏人的相貌特征、声音和穿着打扮，脱险后，马上打电话报警，向警方详细描述匪徒的情况。

第四章

给努力求学求知的你

读书是为了你自己

刘晗从小在赞扬声里长大。他的爸爸妈妈都是老师，自然对他的要求也非常严格，从小就给他灌输了一定要好好学习的思想，也一直给他提供学习上的指导。如今的刘晗，是一个人群中的佼佼者，一提到2班，一定少不了他的名字。优异的成绩、得体的举止、自如的谈吐……但人们看不到的是他被要求读的书目、做的习题、参加的各种比赛。在这样的家庭教育下，刘晗无形中承受了很大的压力。如今，他回顾以前父母的严格要求，还禁不住要小小地抱怨一番，"我小时候是没有太多的游戏，大多的节假日都与爸爸妈妈一同度过：做做奥数题、看看课外书、听听英语磁带，出去玩也是跟爸爸妈妈一起的，回家后就要写作文……"，他耸耸肩，"也有一段时间，我特别不听话，大概因为太烦躁了吧，就是想玩，想放松，但是爸爸妈妈不允许。"

小孩爱玩的天性是抹不掉的，刘晗确实有一段时间沉迷于游戏，偷偷溜出去跟小伙伴玩过，也迷恋过一段时间的游戏，甚至怨恨父母对他太过于严苛。"当时，我彻底厌倦了爸妈对我的种种要求，比如不能在路上吃东西，比如不能在吃饭的时候说话……因为我看到其他的小朋友都可以被允许做这些事情呀，我就觉得我的爸爸妈妈简直像魔鬼一样，哈哈。"如今当成笑谈，但当时的情景完全是不难想象的。"但是现在我是真的很感激我的爸爸妈妈的"，刘晗很真诚地说道，"等到尝到成功的喜悦，才由衷地觉得，爸爸妈妈是多么好的父母亲，如果没有他们的严格要求，一定是没有现在的我。"

给男孩的悄悄话

父母老师经常会对孩子说：读书是为了自己。但是有时，男孩们觉得事实不是这样，成绩并不完全和自己的感受挂钩，成绩好的同学可能并不快乐，成绩不好的同学有时却能开心生活，放松交友，在同学之间很受欢迎。

从目前来讲，我们学习的短期目的似乎只是让大考小考顺利拿高分，满足父母和老师的期待，让他们展露欢颜，当我们的成绩下滑时，最担心的也莫过于无法向他们交代。这让我们的心里产生了一种错觉：好像学习并没有为我们自己带来真正的好处，只是为了父母师长的要求才不得已而学的。毕竟三角函数和细胞结构图和我们目前的生活之间，找不到任何关联。

但是静下心来想一想，父母师长无疑是非常爱我们的，难道他们会任由我们为了一件毫无意义的事浪费生命吗？绝对不会，他们已经走过了几十年的人生，他们经历过与我们一样迷茫懵懂厌恶学习的时期，也体会过知识储备的不足所导致的惨痛代价，体验过知识为自己带来的喜悦、光荣和成功，走过这段蹒跚的道路，他们经过分析和总结，发现了一个道理：虽然学习知识的过程也许有些累和枯燥，但是它的结果绝对是甜蜜的。他们爱自己的孩子和学生，所以，当他们想把他们的人生经验向世人传播的时候，首先想到了他们最亲近的人。

他们不想让自己的孩子怀着痛苦的心情做枯燥的数学题和物理知识，也不舍得让自己的孩子舍弃一部分休息的时间背诵生涩又难懂的古文，但是他们更深深地知道，没有苦痛和艰难的努力就没有成长，没有日后的成功，如果与其让孩子一生目不识丁，在社会上步履维艰，他们宁愿选择让他们经历现在的痛苦。事实上，努力之中也自有快乐，当男孩经历了入门期的枯燥体验，就会发现学习的天地里别有洞天，那里的神奇和奥妙是你原来难以想象的。

所以，我们必须明白，无论一个人是为了祖国而学习，还是为了父母而学习，学习的直接受益者都是自己。

只有学习，我们才能体会到遨游于知识世界的快乐，只有学习，才能体验目标实现的成就感，只有学习，才能在未来社会中立好身，找到自己认为最理想的工作和职业；只有学习，才能让我们成为一个高素质的、有内涵有魅力的人；只有学习，才能让我们有更敏锐的触角去体验生命的喜悦与快乐。

用心读书是人生的责任

张智的家境一般，但是爸妈还是拿了很大一部分钱来支持他读书，当然也包括那些为了增加知识而必不可少的辅导班的培训费。因为爸妈的工作都不太稳定，所以这些费用对于这个家庭来说，就有些捉襟见肘了。

张智是个懂事的孩子，每天都很认真的学习，他不想辜负爸妈对他的期望，他想通过成绩来为爸妈争气。他一直是这么想的，也是这么做的，他的成绩也很好。但是，看了最近关于大学生的就业问题之后，他突然对自己一贯的想法产生了怀疑。那么多大学生毕业之后也依然找不到工作，自己还是一个高中生，虽然也肯定是要考大学的，那么自己大学毕业之后呢？是否也能找到适合自己的工作呢？自己的未来究竟在哪里呢？是不是也会像那些哥哥姐姐一样，虽然寒窗苦读十几年，到头来连工作也找不到，还是靠着爸妈养活。

张智一直想着等自己毕业了就不让爸妈这么辛苦赚钱了，他希望能够凭借自己的能力让爸妈都过上幸福的晚年生活，但是现在看起来自己读书的前途那么灰暗，他的思想上产生了动摇，情绪也变得低落。

爸妈觉察出儿子最近闷闷不乐好像是有什么心事，爸爸就问儿子："小智，最近在学校遇见什么事了，你好像都不太高兴呀！"

张智摇头，他不想告诉爸爸他的真实想法，如果爸爸知道他对读书产生了怀疑，肯定会暴跳如雷的。爸妈的文化都不太高，他们一直希望把张智同学培养成一个有文化，有知识的人。但是张智还是说出来了："爸，你看那些大学生们，找工作都那么难，读书那么多年，有啥前途呀？"

爸爸是个脾气火爆的人，他一听儿子居然有这种想法，当场暴跳如雷,"小兔崽子,你居然敢这么说,我跟你妈这么辛苦供你上学,不就是为了让你有个光明的未来,不像我们这么辛苦吗?你说你,没事想什么不好,非要想着上学没前途这些事来气我。"

老爸发了一顿火走了,剩下张智一个人在客厅里,读书是对自己的未来负责任还是不负责任呢?他需要认真的分析一下形势和自己的未来。

给男孩的悄悄话

著名哲学家萨特说:"从一个人被投进这个世界的那一刻起,就要对自己的一切负责。"这一句话对于所有人来说都是适用的。

列夫·托尔斯泰说:"一个人若没有热情,他将一事无成,而热情的基点就是责任心。"社会学家认为,当一个人富有责任心时,他的自我便真正开始形成,同时,这个人也由立志开始,影响力逐渐扩大,义务感逐渐增加,并能最终做出突出的成就。

对于青春期男孩来讲,今天的用心读书,就是对自己的未来负责。

对自己负责是人们安身立命的基础。一个人应该为自己所承担的一切责任感到自豪,想要证明自己,那就要对自己负责。

一次,著名教育家茨格拉夫人的儿子从学校回家比平常晚了半小时,她对此表示充分的理解,但是,她也明确地告诉儿子:"你玩的时间自然也就少了半个小时,这个时间我们可要遵守。"这样,就让儿子意识到了自己晚回家的后果,他就可能对自己的行为负责。

茨格拉夫人说:"有时候,做父母的内心也会在爱与公平之间摇摆犹豫,但是不能因为孩子的借口而一味地迁就他的喜好,让他逃避责任。孩子如果没有按规定整理好他的书柜,那么面对他喜爱的电视节目,我们也只能做出很'遗憾'的决定。"

在人生的道路总会遇到成功、挫折、悲伤、快乐……然而男孩们应该学会承担责任,自己的事情,对自己说:"我对自己负责。"

青春期男孩们正处于校园学习阶段。学习,还是我们当前最重要的任务。然而有些男孩却认为,学习是为上大学而准备的,他们不想上大学,就可以不学或者少学。而无论我们身居何处,没有知识是不行的。我们应该本着对自己负责的态度,从现在开始好好学习,亡羊补牢为时不晚。在学习、工作、生活中,我们都应学会负责,对别人负责,对自己负责。

课上紧张,课下才能轻松

如果在课堂上实行"打假"活动,一定会有很多收获。只要你留心仔细观察,你会发现每节课都会出现一些"身在课堂心在旁"的同学:有的人撑着下巴,眼皮竭力张开,可最后还是抵挡不了阵阵袭来的困意,于是终于进入了梦境,直到被同桌推醒;有的人一本正经地听课,不时地看看老师,不时地瞄一下课本,原来,这本包了封皮的课本其实是一本小说;还有的人眼睛瞪得圆圆的,耳朵也竖起来,仿佛一副专心听讲的样子,但其实他的心早就飞到球场上去了,只要一提问,准保是什么都不知道。

卢培一下课就冲到许建的课桌前着急地喊:"许建,许建!快把你上课笔记借我抄抄!我上课又走神了!"卢培一边急急忙忙地抄着笔记一边沮丧无比地自言自语："许建！你看怎么办才好啊？我怎么这么多内容没听到啊？这抄了也没用啊，你还是给我讲讲好不？"说到这，他停下笔，抬起头，露出一副十分可怜的样子。

"卢培，你怎么回事啊？最近上课怎么总是走神啊？你这样下去可怎么办？"许建一边替卢培暗暗焦急，一边责怪他上课不用心。

"我也不知道怎么回事。"卢培又继续埋头苦抄，"许建，你说是不是人大了心也大了，所以精神就不容易集中了啊？"

"你都想些什么啊？"许建疑惑地看着卢培。

"我也不知道自己想些什么，就是无缘无故地听着听着，老师的声音就像催眠曲一样，和我的耳朵就共鸣了，然后我就不知不觉走神了。"卢培无不委屈地说道。

"其实我有时候也走神，但像你这样一走就连笔记都抄漏了的情况还是和在冬天看见荷花开一样，是十分罕见的……"许建说道。

"许建，你就别嘲笑我了，我难过着呢。可能越是这样，我就越着急，越着急，结果就越走神。许建，你说我是不是老了啊？"卢培认真地问道。

"哈哈，你胡说什么啊！还没到20呢，老什么老！"许建半开玩笑地说，还顺便用手拍拍他的肩膀，"我们正是花一样的季节，呵呵。抄完了没？抄完了我们快看看吧。待会儿又要上别的课了!"

"好好好!快讲快讲……"卢培的表情终于是雨过天晴了。

许建一边讲,一边注视着时而皱眉,时而微笑的卢培,心里在想:"我一定要帮助卢培分析分析他走神的原因,然后找到解决上课走神的办法。"许建决定回家问问爸爸。

给男孩的悄悄话

男孩们,你可曾注意过,课堂上情景不同,课下同样丰富多彩:有人拼命学习,抓紧每分每秒,可不管是平时的练习还是大小考试,这些貌似认真学习的人都无法取得好成绩;而有的人课下轻轻松松,却毫不费力地取得好成绩,他们的区别就在于课堂上的不同。

事实证明,课上开小差,或不懂得如何运用课堂时间学习的人即使课下付出再多,成绩仍然比不上那些课堂上认真听讲的人。

因为,课堂是知识最集中的场所,每一节课都是经过老师精心准备的,都是精华。如果课堂上你不认真听讲,那就意味着你错过了知识的最精华部分。而课堂也是一个解决问题的场所,在课堂上不通过提问解决,那么问题很可能就一直搁置,最后也得不到解决。

我们都知道课堂学习占据着我们大部分的学习时间,这就更加要求每一个人都要善于抓住课堂上的每分每秒,专心听讲,这样才能确保高效学习,只有笨拙的人才会舍弃课堂,而费劲心力把时间花在课堂之外。

所以要想取得好成绩,充分利用课堂时间就显得十分重要了,那么该如何做呢?你们不妨从以下几个方面着手:

课前准备。课前准备一定要做好,比如课前预习和文具的准备等,课前预习,能够保证对知识脉络的掌握,这样就可以轻松地跟着老师的思维走,另外,预习中产生的疑问会迫使你更加专心听讲,最终使问题得到解决。而文具的准备是为了避免上课分心,以便提高听课效率;专心听讲,听老师讲课、听同学发言,并积极思考,这样可以使自己一直集中注意力。

要善于观察并发现问题。这样有助于集中注意力;大胆提问,增加课堂上的互动,促使自己加深对知识的理解和掌握,其实这也是提高听课效率的一种有效途径;认真做课堂上老师布置的习题,以检测自己对知识的掌握程度;善于记课堂笔记。不能因为要记笔记,就错过了老师的讲解,这样得不偿失,记笔记要记书本上没有的,可以趁老师板书的时候记,听始终是关键!

抓住上课的每一分钟,你将会成为一个高效率的学习者。

造成走神主要有两种原因:第一,对要学习内容的意义认识不足,目的不明确,没有兴趣和责任心;第二,受到外界环境和身体内部很多因素的影响,环境如噪声、突发事件等,身体原因有疲劳、不舒服等。

自己是属于哪一种呢?大多数的人属于第一种。首先,要静下心来想一想:我为什么要学习?我的人生目标是什么?……当你真正明白学习的意义和目的之后,就会建立起学习的责任感,学习不再是别人给你的任务,而是你自己必须要完成的使命。

接下来就要培养自己对学习的兴趣。兴趣包括直接兴趣和间接兴趣。直接兴趣是指对活动的内容和过程感兴趣;而间接兴趣是指对活动过程和内容并不感兴趣,只对活动的目标和结果感兴趣,它与有意注意紧密相关。对于学校的课程来说是则大多数属于间接兴趣。这样你就首先要认真思考学习这些课程的意义，培养出对它们的间接兴趣来。

下面是几种克服"走神"的办法，选择对你有用的彻底克服"走神"。

1. 自我提示法

写几张小卡片，在上面写上"专心听讲""不要走神""少壮不努力，老大徒伤悲"等这样的句子，然后把它们放到平时容易看见的地方，如铅笔盒里、写字台前的墙上，或者夹在课本里。这样，每当你想走神的时候，不管你是在听讲，还是在做作业或者复习，都能及时提醒自己：不要走神！

2. 情景想象法

无论多爱走神的男孩，在考试的时候还是能够以比平常更集中精力，认真作答，以求自己能获得一个好成绩。因此，每次做作业的时候都想象成自己是在参加一次很重要的考试，并要在规定的时间内完成，这样就可以使自己紧张起来，注意力自然就能够集中了。正如著名数学家杨乐所说："平时做作业像考试一样认真，考试就能像做作业一样轻松。"

3. 记录法

给自己准备一个小本，专用来记录走神的内容。比如，今天数学课上想昨天的足球比赛了，那就在本子上记录："数学课——足球赛——约一分钟半"……这样记录几次之后，你认真看一下自己的记录，就会发现自己的胡思乱想是多无聊，浪费了多好宝贵的时光。渐渐地，你会对走神越来越厌恶，记录在本上的内容也会越来越少。相信不用多久，你的记录本上就会出现这样的话："我今天学习得一直很认真,没有走神。"这样,你就是一个专心听讲的好学生了。

4. 自我奖惩法

每次写作业或者复习之前,给自己定个时间表。如果在规定时间内完成了学习任务,并且始终是专心致志的,那么就可以奖励一下自己:看会儿电视或是听会音乐;如果你因为走神而没有完成任务,就惩罚自己,如干家务或者跑楼梯。长此以往,你就会为了得到奖励、避免惩罚而逐渐养成集中注意力的好习惯了。

除此之外,在学习时尽量找安静的地方,使自己不受外界干扰。另外,还要注意劳逸结合,列宁曾说过:"不会休息的人就不会工作。"

学习拓展生命的宽度

同学聚会上,两年不见的初中同学们多少都有了些变化。袁博的变化不大,依然穿着校服,高高瘦瘦的,戴着黑框的眼镜,唯一的变化也就是初中深蓝色的校服变成了浅蓝色的校服。他是骑单车来的,还是初中上学那个单车,从外表看上去,袁博基本上没有任何变化。

同学们陆续的来了,最引人注意的是樊朝。当年在班里坐在前排的淘气鬼,总是在课堂上给老师起哄,或者搞恶作剧吓唬女同学,班上很多女生都很讨厌他。现在,他居然穿着西装,留着寸头,脖子上还戴着小拇指粗细的金链子,那条肥硕的金色链子在整个包间里闪闪发光,大家都觉得刺眼。

"成功人士"自然少不了一番吹嘘，大家也都恭维了一番。樊朝在整个聚会期间滔滔不绝，讲了不上学之后这两年，跟着爸爸做生意，到全国各地的出差，到了哪都是游山玩水，每天杯来盏往，灯红酒绿。一部分男生听了樊朝的话，不但用羡慕的眼神看着他，还央求他没事带着大家去那些娱乐场所玩玩。对于还是学生的他们来说，那些场所是非常烧钱的地方，他们的零用钱对于那里的收费来说不过是杯水车薪。

　　整个宴会期间，大家都觉得虽然没有继续上学，但是现在自己开着蓝鸟的"坏小子"樊朝是班上最成功的人，他当然成了这次聚会的主角。而宴席结束的时候，他还大手一挥，自己付款结账了。大家都觉得他很是慷慨。

　　而袁博一直不太说话，他没有觉得大家的那种附庸有错，但是他也不觉得这就是成功，现在看来樊朝的财富要比其他人多，社会经验也很丰富。但是小小年纪的他，过早接触了社会，也过早地沾染了一些坏习惯。虽然现在自己还骑着单车，但是，袁博觉得自己在学校的收获是那些金钱买不来的。

　　袁博这么想着，他在学习上的成长除了知识的增长，更多的是思考问题的角度的变化，心智的成熟。想了这些，他轻松愉快地回家去了。

给男孩的悄悄话

　　每个人对于生命都有自己不同的理解，在现在这个观念多元的社会,已经不是所有人都认为做官、创富是人生的唯一目标了。许多青春期男孩热衷于歌手许巍的歌,就是因为其中有一种"生命在路上"的感觉。是的,生命是一个过程,它的结果没有好坏之分,重要的是能充分体验到生命的所有悲喜,经历过一点一滴的成长和成熟。

而心智的成熟,自我的成长,是需要学习来实现的。没有学习的精神,那么生命会陷入停滞的状态,生活在青春期的我们,如果体验不到生命如初生朝阳般冉冉升起,力量逐渐壮大的话,又怎么才能体验到内心的喜悦呢?

所以,不一定要功利主义地为自己设下一个成功的定义,只要有一种坚持"今天一定比昨天更好"的信念和勇气,并为之付诸行动,每天进步一点点,它具有无穷的威力。

学习正是进步过程中必须进行的一种活动,如同呼吸一样,它的真正期限是:终生。呼吸让身体获得氧气和活力,学习则使精神更为充实和健全。

所以,为了生命的充实和喜悦,要求自己每天进步一点点,让自己在漫长的人生旅途中,今天要比昨天强,今天的事情今天做,每天都在为成长进步做着永不懈怠的努力!为此,要始终保持一份平静、从容的心态,步履稳健地走好人生的每一步,用"自胜者强"来勉励、监督和强迫自己,克服浮躁,战胜动摇,不是做给别人看,所以不能懈怠,更不能糊弄自己,而是要用严于律己的人生态度和自强不息、每天进步一点点的可贵精神,走一条不断进取的光明大道。

多与同学交流学习经验

　　常老师是一位有着丰富管理经验的班主任。

　　新学期开始了,他被任命为高一(三)班的班主任。他时时关注班里的动态,观察着每一个学生的表现,并与学生们讨论制定了各种班规制度。在他的带领下,学生们很快适应了高中阶段紧张的学习生活,班里洋溢着一种积极向上的学习氛围。

　　期中考试后,常老师发现班里考得最好的两个学生——田志鹏和黄友天,却显得并不愉快。他和这两个学生分别谈心,发现他们都对自己现有的成绩不满意:田志鹏虽然数理化方面很好,但是语文和英语却明显逊于理科,在全年级的排名仅为第9;而黄友天的作文写得极为精彩,英语方面甚至能和外国人进行较为流利的对话,但是物理这门课却从初中开始就学得不太好,他对自己年级第4的排名也不甘心。

　　如何能让这两个优秀的学生取长补短,在学习上更进一步呢?常老师想到了一个办法。他当着全班学生的面说:"同学们,《礼记·学记》里有这样一句话'独学而无友,则孤陋而寡闻'。意思就是说,自己一个人学习而没有朋友交流讨论,就会孤陋寡闻。所以,周六下午,我们要举行名为'分享你的经验'的主题班会,到时我会邀请高二高三的学习尖子也到场,希望我们班同学积极准备,与大家共享你的学习经验,共同提高、共同进步。"

常老师敏锐地观察到这两个学生都若有所思地点点头。

在周六的班会上,高一(三)班的学生们认真地听着高二高三的学长们的经验。有一位学长讲述的复习物理的方法给黄友天留下了很深的印象。那位学长说,他很重视物理课的复习,认为复习物理时一定要有条理,层次清楚。他自己的具体做法是将本学期所学习的知识画图表示,先把本册书分为几个一级知识点,每个一级知识点底下又包括几个二级知识点,二级知识点下又包括几个三级知识点,每个知识点之间的联系用箭头表示。虽然老师在课堂上会分析本册的知识脉络,但是自己再根据自己的理解整理后并认认真真地写在纸上是不一样的。考试时想一想考的是哪个知识点的内容,回忆一下自己总结的内容,并不忘各种限定条件,就不怕难题了。黄友天对学习物理有信心了。

而黄友天讲述的自己学习语文英语的经验,也使田志鹏深受启发。黄友天说,学习语言是一个长期的积累过程,需要记忆大量的、琐碎的语言点,所以他有一个专门的英语记录本,记下英语课堂上学过的但是掌握得不好的单词、词组等,经常翻看,以加深记忆。学习语文中的基础知识时,他也用类似方法。针对语文学习中的重点和难点即写作,他更是认真,不仅摘抄优美的词句、名人名言,还将自己平时看到的一些很新颖、并且预计会用到的材料分类记下来,这样,写起议论文来,就不会内容空洞,言之无物了。

这次学习经验交流会后,大家都认为自己有收获,并且更加乐于交流。效果怎么样呢？还是看看期末考试后田志鹏和黄友天的感想吧。黄友天考了全年级第3名，不过最使他开心的是物理成绩提高了很多，他相信自己还会有进步。田志鹏虽然名次上没有变化，但依然很高兴，因为他觉得自己已经踏上了学好语文和英语的道路。

给男孩的悄悄话

别人的学习经验启发了田志鹏和黄友天，那么他们的故事是否启发了我们呢？

英国著名作家萧伯纳曾说过这样一段话："两个人在一起交换苹果与两个人在一起交换思想完全不一样。两个人交换了苹果，每个人手里还是只有一个苹果；但是两个人交换了思想，每个人同时有了两个思想。"这段话的确精辟地道出了人与人之间交流思想的重要性、互补性。

培根说：如果把快乐告诉一个朋友，你将得到两个快乐，而如果你把忧愁向一个朋友倾吐，你将被分掉一半忧愁。自私的人心胸狭窄，往往会回收更多的自私，从而消沉郁闷。而与人分享的人却能获得更多的分享，从而更轻松更快乐。

青少年朋友在学习的过程中，要善于和同学老师分享交流经验，不断吸收新的思想，新的知识，开阔自己的眼界。同学之间的分享交流能让彼此的经验更完善，方法更有效，大家共同进步，从而给自己创造更有利于学习的环境。

分享不是给予或转让，而是相互的交流沟通，大方的分享，你会有意想不到的收获。

在学习过程中,如果你把学习经验与同学分享,你将认识自己的缺点与不足,与他人进行交流时去粗取精,从而不断完善原有的学习经验和方法,这无疑会使你进步。如果故步自封,不舍得分享,那么你将失去更多学习进步的机会。交流才会共同提高,分享是不会让我们失去东西的,反而能得到更多。

青少年在平时的学习生活当中,都会有自己的学习经验和方法。可能有的青少年朋友会说:"我好不容易总结的学习经验,凭什么要与别人分享,要是学习了我的经验,成绩超过我怎么办?那不是自己给自己设障碍吗?"其实这些担心完全是不必要的,你分享的过程不但得到了更多的宝贵经验而且还收获了快乐。

找到适合自己的学习方法

学校派来的学习宣讲团的成员——在讲台上发言,他们都是各个班级里成绩最好的同学。学校组织让他们来是给大家做学习方法的分享,提高大家的学习效率。所有成员讲完之后,大家都觉得那些成绩好的同学的方法听起来就是比自己的学习方法要好很多。很多人都觉得应该按照那些优秀学生的方法和策略来学习。黎希也不例外,他也决定借鉴一下先进的学习方法,让自己成绩有突飞猛进的发展。一年以来,大家的成绩多少都有变动,只有他发挥很稳定,一直是个中等生。

黎希决定按照那些先进的方法改造自己的学习了,他有点热血沸腾，想象着自己将要实现的突破，他不自觉地摩拳擦掌了。其实他是一个刻苦程度一般的学生，每天按照老师的要求完成了作业之后，就不再做其他的事情了。每天按照正常的状态的话，就是七点起床，晚上十点肯定睡觉。但是那些学习好的学生既然说每天除了完成课程内部作业以外还要看很多课外辅导书，只能排到晚上看了。

黎希决定尝试。第一天，他到了十点就开始犯困，他让妈妈帮他冲了杯咖啡，继续看书，到了十一点，已经睁不开眼睛了，老妈心疼坏了，赶他睡觉去了。

第二天白天本来还需要继续精神抖擞的上课。但是课堂上，他实在忍不住犯困，结果一上午都昏昏沉沉，不知道老师讲的是什么。等到了晚上，他又要看书，白天犯困。一周下来，他觉得自己精神萎靡，而且白天听老师讲课他都不能集中精神了，晚上学了什么，好像也什么没学到。

他只好选择放弃了。放弃的时候还有点不舍，觉得那所谓的先进方法不适合自己，怪可惜的。他又回到了自己的学习轨迹上，有时候他还会慨叹，原来每个人都有自己的学习方法。这种生搬硬套真吃不消。

给男孩的悄悄话

当前，知识更新速度与日俱增，时代对我们提出越来越严格、越来越多样化的学习要求。单凭"铁杵磨成绣花针""功到自然成"

的方式,是无法适应目前的学习的。今日的学习成败,不仅取决于勤奋、刻苦、耐力与花费的时间和精力,更取决于我们的学习方法。

学习成果的好坏,与能否用自己喜欢的方式学习密切相关。哈佛优等生、美国第一位诺贝尔化学奖得主理查兹说过:"最有价值的知识,是关于学习方法的知识。"就像有些运动员一样,他们不一定完全按照书里要求的"正确姿势"来做动作,而是利用最适合自己的姿势去锻炼,最后反而获得了冠军。我们的学习也是一样的,如果你只知道循规蹈矩、按部就班地照着那些所谓的"最好的"方法来学习,效果可能会更差。

用自己喜欢的方法学习,是提高学习能力的重要环节。英国有位社会学家曾经调查了几十位哈佛大学毕业的著名人士,发现他们大多认为学习时,最重要的就是用自己最喜欢的方法学习。而法国著名生理学家贝尔纳也深有感触地说:"适合我的方法能使我发挥天赋与才能;而不适合我的方法则可能阻碍才能的发挥。"由此可见,用自己最喜欢的学习方法可以使学生在知识的密林中成为手持猎枪的猎人,获得有效的进攻能力和选择猎物的余地。

当你试图采用自己不喜欢的学习方法学习时,你就好像是在逆风中行走,非常困难。因而,有些男孩就会逃离课堂,还有更多的男孩会感到十分疲倦,还有些男孩甚至觉得自己是个笨拙的学习者。

而当你明确了自己最喜欢的学习方法并运用它时,你学习的过程就像在顺风行走,风速加快了你行走的速度。运用你最喜欢的学习方法学习会提高你的脑力,使学习的过程变得非常轻松,效率也会大幅提高。

我们在实际学习中也有所体验,有些男孩喜欢独自一个人阅读,有些男孩则在群体中会学得更好;有些男孩喜欢坐在椅子上学习,有些男孩则喜欢躺在床上或坐在地板上学习。有些男孩喜欢在比较自由的情形下学习，他们不喜欢墨守成规，需要多一些自由选择的机会，如自己决定学什么、从哪儿开始学等。而另一些男孩则喜欢在按部就班的情形下学习，他们需要老师或家长告诉他们每一步该怎么做。

这些学习方法中，哪一个才是最好的呢？答案不是绝对的，只要是你最喜欢、最适应的，就是最好的。学习是个人行为，必须采取自己最喜欢的方法。

因此，我们在平时的学习中要善于利用自己最喜欢的方法进行学习，如果你喜欢看电影、电视，那就从影像资料中学习；你喜欢看报纸杂志，那就从阅读中学习。但必须牢记一条：这种办法一定要和自己所学的课程有机地联系起来。

将学到的知识系统化

郭楠觉得自己很刻苦，每天都花很多时间去学习，每天还给自己规定了很多必须完成的作业和题目。但是，自己的成绩在学校里还是只能算是中等水平。他都觉得是不是因为自己比较笨，才成了这样子，苦苦思索也找不到其他的原因。他能保证学习时间，也能保证学习的时候不想别的事情，但是那些学到的知识就像是散在地上的珠子，今天捡了，明天再看的时候又忘记了多半。等半个月不复习，就基本跟新的知识没啥区别了。

郭楠开始寻找原因，还有不到一年就高考了，他希望自己可以做一匹能够在高考中杀出重围的黑马，考上自己心仪的学校。

首先考虑的是时间，每天早晨起来开始一天的学习，不管是什么科目，都有时间照顾到，每天按照自己规定的完成那些数学、物理和化学的计算题目，也安排了英语的练习时间。看着满满当当的时间表，郭楠觉得自己还是不错的学生，但是为什么成绩的变化不大呢？

他自己找不到原因，就求助班主任高老师。高老师知道郭楠是个爱学习的男孩，就不在学习时间上给他强调太多，于是师生二人开始研究郭楠的学习方法：原来，郭楠很注重作业的完成量，而不太在乎将学到的知识进行系统总结，以至于在分单元学习的时候，郭楠都能很快掌握。但是到了后面，很多单元的知识都混合在一起的时候，郭楠的问题就出现了。他不注重总结和复习，单纯的练习不能带来很好的复习效果，他不够注重对知识的系统整理，发现之间的联系和区别。这样在做题的时候就容易混淆概念，很容易出错。

郭楠听了老师的分析，也开始明白了，自己在以后的学习中，要注意系统化。或许这样，成绩就该有突飞猛进的变化了。

给男孩的悄悄话

有人说，智慧不是别的，而是一种组织起来的知识体系。这就是指系统化知识，而形成系统化知识正是复习的中心任务。

只有通过系统复习,才能使这些知识概括化,条理化,真正"串"起来,如同串珍珠般。

要想把学过的知识串成珍珠,必须通过系统的复习来完成,可以通过以下的步骤来完成:

1. 阅读

阅读就是围绕复习的中心课题,认真地看书、看笔记、做试卷等。通过阅读使掌握的知识迅速回到原来曾经达到过的水平,在阅读过程中,如果发现了不懂的问题要及时弄懂,发现没有记住的知识,要想办法记住。

在阅读时,要注意:要以课本为主,在阅读前,尽量采用尝试回忆的办法,先自己考考自己,看看独立掌握知识的情况,如果坚持把回忆和阅读结合起来,并坚持多思考,阅读时就会更加专心。另外,在阅读速度上可根据对知识掌握的实际水平来决定,凡是学得较好的部分,就可以很快地过一下;掌握得不太好的部分,则要多花点时间,并留下记号,以便在以后学习时提醒自己。除此之外,还可以通过记笔记的形式来巩固自己的思考成果,以作为下一步整理复习笔记的原始材料。

2. 整理

整理指整理出系统复习的笔记。

通过艰苦的思考,终于形成了完整而又系统的知识。应当十分珍惜这个学习成果,并及时用复习笔记的形式把它记录下来,使这些思考的成果,可以长久地保存下来。

有了复习笔记,可以使学习保持连续性。再复习时,就可以迅速回到原来曾经达到过的最高水平,以最高水平为起点,可再进行更深一层地学习。这样,复习笔记变成了学习进程中的"里程碑",从而保持了学习的连续性,避免学习时一次又一次地简单重复。

有了复习笔记,有助于实现知识由"繁而杂"向"少而精"的转化。不少学生经过一次一次的努力,终于把厚厚的一本书变成了薄薄的几页笔记,把一个复杂的专题变成一张系统表;把容易混淆的概念变成一张比较表;把不易记忆的内容改造为醒目的图示;把复杂的内容变成一张关系图;总之,把书上密密麻麻的文字描述变成各式各样的笔记形式,如果再使用彩色笔就更加醒目了。

有了复习笔记,时常拿出来看看,可以起到提纲挈领,强化记忆的作用、因为一看复习笔记,就能迅速抓住知识的全局。重点、难点以及内在联系,又由于是自己整理的,印象深刻,所以是一份极难得的"备忘录"。

有了整理复习笔记的愿望,复习起来就会更加专心。因为在掌握知识的基础上,还要进一步考虑怎样把已经形成的"知识之网",用最形象、最简明、最醒目的方式表达出来,这种考虑本身就推动了复习时的思考,没有整理笔记的愿望,系统复习时就容易分心。

3. 练习

阅读和整理主要是为了解决知识的深入领会和巩固的问题,当知识系统化以后还该干什么呢?要做一定数量的习题,通过做习题去发现问题。然后再深入地读书钻研、加深领会,继而再做题,这个过程是可以不断深入进行的。不少男孩自认为复习得挺好,可是一做题,就知道自己的漏洞了,从而促进了对问题的钻研。

在系统复习时,适当做点习题,可以培养运用知识解决综合问题的能力。因此,每做好一道题之后,要注意回味一下,整理出解题的思路，逻辑关系和划分好题目的类型等，以便举一反三，提高解题效率。

当然，在练习后，还要认真地把自己曾做过的与专题有关的全部习题进行分类整理，这项工作在系统复习的后期进行为好，整理后再做有关习题，会感到容易得多。

4. 熟练

熟练指的是记忆、表达和解题要达到熟练的程度。这就需要按照记忆规律反复记忆，认真练习。对基本概念和原理，对典型的习题要力求达到精益求精的地步。

现在的重大考试，题量都比较大，如果知识掌握的不熟练，在考场上就往往完不成任务。因此，对自己要提出更高的要求，知识不仅要弄懂，还要牢记；不仅要牢记，还要会运用；不仅要会运用，还要能熟练地、高效率地解决问题。当然，根据学科的不同特点，对熟练也有不同的要求，不能一律简单地理解为背得熟，解题快。实验学科的动手操作，也要达到熟练的程度。

学会有趣的记忆法

明天就要历史考试了，老师今天才说，而且都不知道是考近现代还是古代史，那么多内容怎么准备啊？王晨看着一堆历史资料发愁，不知道该从哪里看起。

"应该先把朝代顺序理一下，夏、商、西周，然后，然后是……"王晨皱着眉苦思,"西周了应该是春秋战国,再就是秦朝、汉朝……"脑子又短路了,"烦死了,怎么就是记不住呢?"王晨烦躁地把课本扔到一边。

"哈哈,遇到什么麻烦了吗?""历史大王"刘刚看着王晨滑稽的表情忍不住笑着问。王晨抱怨道:"明天就要考试了,这么多内容怎么记啊?历史老师也真是的,开始考试了才说!现在一紧张连朝代顺序都记不清了!"

"不就是记不住这些朝代顺序吗,这有什么难的,我教你一个简单的办法。"刘刚轻松地说,"夏代商代与西周,春秋战国乱悠悠;秦汉三国晋统一,南朝北朝是对头;隋唐五代又十国,宋元明清帝王休。这样简单的几句话就把所有朝代理顺了,你试试。"

王晨读了一遍高兴地说:"一句话押韵又简单,果然不错!还有其他可以用这种方法记忆的知识点吗?"刘刚笑答道:"其实很多知识点都可以用这种方法记忆的,学习的时候觉得哪种方法有利于记忆就用哪种,你可以自己编顺口溜、诗歌。就像新文化运动的代表人,你就可以这样记:葫(胡适)芦(鲁迅)里(李大钊)盛(陈独秀)菜(蔡元培)——葫芦里盛菜,这样好玩又好记。"

"怪不得你成绩这么好,原来你有这么多好的学习方法啊,真厉害!"王晨向刘刚竖起了大拇指。

给男孩的悄悄话

很多人一提到背诵就两腿发抖,"记不住"成了男孩们学习时很难跨越的一个障碍。的确,面对着堆积如山的书本练习题就已经头脑发胀了,这时再去背诵和记忆,大概谁都没有心情了吧!何况,枯燥的课文,排着队的公式,那么多怎么记得下来?想快速有效地记就更难能了!

其实,只要稍稍动动脑筋,这个大难题就可以解决了。比如,地理课就有很多"地理知识记忆法":

1. 歌谣记忆

如中国沿海的14个开放港口城市,从北到南的顺序可记为:

大、秦、天、烟、青;连云、南、上、宁;温、福、广、湛、北。

分别代表大连、秦皇岛、天津、烟台、青岛;连云港、南通、上海、宁波;温州、福州、广州、湛江、北海。

2. 趣味记忆

地理知识都与学生的生活有紧密联系。如把《中国地理》的有关内容与旅游结合起来,有极大的兴趣。在《中国铁路》一节中,可用游戏来完成这一兴趣记忆。把每一组定为一个旅游团,完成一条旅游路线。

甲:我乘火车呼市发,要去北京天安门;

乙:北京站,我上车,去参观济南趵突泉;

丙:济南站,我出发,来到上海外滩上;

丁:上海站,我出发,要到杭州钱塘江;

在游戏中,自己选择去向,后边的同学跟着延续下去,做接力旅游。这种记忆形式我们可在闲暇时间随便玩,是一种良好的记忆方法。

3. 模仿记忆

地理知识中有许多内容要求具有丰富的想象力来认识地理事物的空间、时间。单靠想象理解和记忆较为困难。模仿后再记则容易得多。如《地球的运动》一节中，辅导学生做"三球运动"的演示。你可以与你的好朋友分别充当太阳、地球、月球做旋转运动，其他同学在旁观察、分析各球的运动轨迹与有关现象。在这个模仿中，"地球"要记住自己绕太阳转一圈用了365日5小时48分46秒，自己自转一圈即360°，需时间23小时56分4秒，"月球"要记住自己绕地球一圈用29天半。这样，较为抽象的概念和枯燥的数字就会被清楚地记下来。

4. 谐音记忆

将记忆内容编制成另一句与之发音相似的话来帮助记忆，其特点是将枯燥无味的内容变得诙谐幽默，令人记忆深刻。例如在记美洲的物产时，我们想象："中美洲各国都有咖啡馆，服务员一律是男士，都围着一条沙质地的领带，人们称他们'围、沙、哥'。"其实是记忆取了3个咖啡生产国家的名称谐音，即代表危地马拉、萨尔瓦多、哥斯达黎加。这样，就非常容易地记住了，又可以想象：中美洲有一种鸟，红红的嘴，每天吃香蕉，会学说话，像八哥鸟。人称"红、八、哥"。其实是洪都拉斯、巴拿马、哥斯达黎加是产香蕉国。

是不是觉得很有趣？事实证明，这样的记忆轻松而高效，而且不光是地理，其他功课也可以采取这些记忆方法。事实证明，如果能够掌握一套正确的记忆方法，就能够提高记忆力，使你轻轻松松地记住你想要记住的一切知识。所以，不要让记忆继续成为自己的烦恼，与其埋怨自己的记忆力差，不如认真地去总结一套记忆方法。

做善于利用时间的人

苏豪每天要乘坐 14 路车去学校，每次他的手里都拿着一本单词书。从家到学校的路上，他总是在学英语，有时候遇见了同学，同学跟他打招呼的时候，他会不好意思地收起自己的单词书。

除了等公交车这段时间，他别的时候也挺注意运用零散的时间，他每天放学会在家里给爸妈做饭，做饭的时候，他就打开电脑，播放英语听力的对话，或者语文的古诗朗诵。他一边做饭，一边跟着录音朗读。每天都跟读那么一段，时间久了无论是他的英语朗诵水平，还有汉语的古诗和散文朗诵，都是非常优秀的。

他就是利用这些零散的时间安排自己喜欢的朗诵练习的，学校的课程安排得很紧，在学校根本没有专门的时间去做这些事情，苏豪就会用这些零散的时间来学习自己喜欢的东西。

结果也不难猜，他的成绩很好，最突出的是语文和英语成绩。他用零散的时间学习，日积月累，成绩就比别人好了很多。

每天都是 24 小时，我们必须吃饭、睡觉，然后剩下的时间里，除了必须做的事情需要占用的时间，我们可以安排的就只有这些零散的时间了，而苏豪很好地利用了这些零散时间。

给男孩的悄悄话

生命是以时间为单位的,时间就是生命。学习是要用时间来完成的,浪费自己的时间等于慢性自杀。只有利用好自己身边的零散时间,才能不断地超越自我,实现学习上的飞跃。

哈佛心理学教授,美国发展心理学家杰罗姆·凯根说过:"时间是在分秒之中积成的,善于利用每一分钟的人,才会做出更大的成绩。"

争取时间、善于利用时间才是我们高效学习的保证。所谓零碎时间,主要是说学习的间歇、用餐时间、上学或放学路上的时间,等等。在零碎的时间里,基本上无法完成什么重要的事情。但我们如果将这些零散时间白白地浪费掉,那将是十分可惜的,而如果我们将零散的时间合理地运用到学习上,就可以节约很多学习的时间。

我们节约了时间,也就是延长了我们学习的生命,也就能掌握更多的知识。

在学习阶段,大部分的时间是在课堂和自习中度过的,能自由支配的时间很少,在这种情况下,更应学会利用零散时间。

比如,从家到学校10分钟的路程,记住一个英语单词绰绰有余。更重要的还不是背会了英语单词,而是养成了节约时间的良好习惯。只有懂得珍惜零散时间的人,才会真正珍惜大段时间。浪费时间跟浪费钱财一样,都是从小数目开始的。

善于利用零散时间的人,可用的时间就比别人多。除了"挤"时间,还要善于节省时间,比如一天当中,一定要办最重要的事情;用大部分时间去处理最难、影响最大的事,等等。"挤"时间与省时间的另一个方法是科学利用业余时间。

我们可以将自己每天的活动时间都详细地记录下来，从中发现哪些是被浪费掉的零散时间，然后选择适合的学习活动来配合。假设你每天都要坐半小时的公车去上学，就可以在路上进行英语听力练习，日积月累，英语听力肯定会大有长进。或者，每天在你上学或放学走路的时间里，背两三个英语单词、一首小诗或一个公式，一学期下来，你也会为自己的收获而惊讶。

另外，利用零散时间的时候，要有一种积极的心态，不要心想"只有5分钟，什么也做不成"，而要告诉自己"还有5分钟，要充分利用它"。

根据生物钟安排学习计划

班里开了一场主题班会：珍惜时间。开完班会之后，大家纷纷表示自己要珍惜时间。葛龙飞也是这么想的，他觉得自己以前不够珍惜时间。为了有所行动，他决定每天提前一小时起床学英语。以前他是6：50起床，然后洗漱、吃饭、骑自行车到学校刚好赶上上课。现在他下定决心要珍惜时间，要提前一小时起床。

第一天，他5：50起来，然后开始朗读英语，一个小时下来，很有成就感，上课的时候虽然有些困，但是他安慰自己是还不适应早起一个小时。

第二天，他照样5：50起床，朗读英语。等到上午上课的时候实在有些困，就趴在桌子上小睡了一会。被数学老师发现了，老师点名要他回答问题，他却睡眼惺忪。

第三天，他觉得自己起床也变得很困难，眼皮很重，虽然坚持着起床了，但是一点精神也没有。

坚持了一周，他越来越没精神，他决定还是放弃自己的早起计划。回归到自己正常的生活里去。后来听了老师讲关于生物钟的事情他才明白，原来每个人都有自己的生物钟，自己的早起行为打乱了自己体内的生物钟，这才使得自己不仅没有珍惜时间，而且越来越困倦。

看来，要想珍惜时间也要掌握自己的时间节奏呀。

给男孩的悄悄话

在适当的时机做适合的事情，这就是所谓的"掌握时间节奏"，这也是很多成功人士高效学习和工作的秘密武器。

只要留心，你会发现，在我们日常的工作和生活中，除了每天能力状态的规律性波动之外，还有较长时间段里的生理规律：生理节奏。通过生理节奏管理，我们可以解读体内的"生物钟"，了解其规律，通过主动调整，使自己的能力与其自然波动相适应。

在低点周期和临界日，我们养精蓄锐，放松休息，多做重复性工作，回避不愿见的人和令人头疼的问题。与此相反，在高点周期则要大干一番！这时候适宜做出决定，重新部署工作，贯彻自己的意图。管理好自己的生理节奏，可以让我们更好地掌握自己的时间和身体，享受更轻松、更简单的工作和生活。那么，究竟什么是"生理节奏"呢？下面的小例子会让你明白。

洛克睁开了眼睛，才不过清晨五点钟，他便已精神饱满，充满干劲。另一方面，他的太太却把被子拉高，将脸埋在枕头底下。

洛克说："过去15年来，我们俩几乎没有同时起床过。"

像洛克夫妇这样的情况，并不少见。

事实上，我们的身体像一个时钟那样复杂，而且每个人的运转速度也像时钟那样彼此略有不同。洛克是个上午型的人，而他的太太则要到入夜后才精神最好。

很久以来，行为学家一直认为导致这种差别的原因是个人的怪癖或早年养成的习惯。直到20世纪50年代后期，医生兼生物学家霍尔堡提出了一项称为"时间生物学"的理论，此一见解才受到挑战。霍尔堡医生在哈佛大学实验室中发现某些血细胞的数目并非整天一样，视它们从体内抽出的时间不同而定，但这些变化是可以预测的。细胞的数目会在一天中的某个时间比较高，而在12小时之后则比较低。他还发现心脏新陈代谢率和体温等也有同样的规律。

霍尔堡解释说，我们体内的各个系统并非永远稳定而无变化地操作，而是有一个大约周期，有时会加速，有时会减慢。我们每天只有一段有限的时间是处于效率的巅峰状态。霍尔堡把这些身体节奏称为"生理节奏"。

生理节奏和我们生活的方方面面都密切相关：健康、事业、家庭生活、社会活动、闲暇时间和运动等，它的应用可以说是无限的。日本和美国的许多企业利用生理节奏原理，短时间内就把事故率减少了30%、50%，甚至接近60%。

根据自身的生理节奏来调节好自己的时间节奏，我们就可以更好地掌控和利用自己的时间。

试想一下，如果我们在晚上10点睡觉、早上5点起床，我们的睡眠时间仍然是7个小时；而一般人如果在午夜12点入睡，早上7点起床，他们的睡眠时间也同样是7个小时而已。所以我们在这里提倡早睡早起，只是非常有策略性地将休息和工作的时间对调了一下，将晚上10点至午夜12点这段本是用来看电视、看报纸、娱乐、应酬的时间用于睡眠，而早上5~8点这段本应用于睡眠的时间，则用来做一些更重要的事情。

目前，生理节奏理论已经成为人们追求简单生活、提高效率的好帮手。我们同样可以利用生理节奏规律来帮助自己更好地规划我们的学习。但在此之前，我们首先需要知道如何去辨认它们。霍尔堡和他的同事们已经研究出以下这套方法，可以帮助你测定自己的身体规律：

早上起床之后1小时，量一量你的体温，然后每隔4小时再量一次，最后一次测量时间尽量安排在靠近上床时间。一天结束时，你应该得到5个体温度数。

每个人的变化不同而结果亦异。你的体温在什么时候开始升高？在什么时候到达最高点？什么时候降至最低点？你一旦熟悉了自己的规律，便可以利用时间学的技术来增进健康和提高学习效率。

对于青春期男孩而言，读书和学习最好是在体温正向上升的时候去做。大多数人体温上升时间是在早上8点或9点，相比之下，阅读和思考则在下午2点至4点进行比较适宜，一般人的体温在这段时间会开始下降。

充分利用假期给自己充电

刘驰放假了，他期待了很久的暑假终于到来了。刚放假的头两天，他每天中午才起床，起来就看电视，一副无所事事的样子。这样的生活刚刚过了两天，他就有些厌倦了。他觉得自己应该制订一个计划，不能虚度光阴。毕竟开学之后他就该进毕业班了，听说毕业班的复习是很紧张的。他觉得自己也有必要先预习一下课程，然后补习一下自己最弱的英语。

刘驰的暑期计划出炉了。他每天下午都去国画班学画画，这是去年就想好的，他喜欢画画，喜欢在白纸上泼洒墨汁的感觉。他的上午时间分给了学习，学习英语和预习其他课程交替进行。晚上的时间当然是自由安排了。陪老妈老爸去散步，或者自己和伙伴们一起玩。

这样一个暑假下来，他的国画水平有了显著的提高，对英语也更自信了，更重要的是熟悉了下一年的课程之后，他觉得自己的学习压力好像没有那么大了。这样的状态他非常喜欢。

等到开学大家互相交流暑假做的事情，他发现大家真的把假期看得比学期还重要，很多同学参加了社会实践，也有人跟他一样参加了兴趣班，培养自己的爱好，更多的人选择了补习自己比较弱势的科目。

给男孩的悄悄话

假期是一笔可贵的时间财富,如果加以充分利用,这会让我们过得更加充实、更加有意义。要改掉不善于充分利用假期时间,在假期里放任自流的坏习惯。

学生都有寒假、暑假两个假期,时间比较长,因此,安排好假期的学习,是不让自己掉队,让自己升位的最好办法。

由于假期前学生经过紧张的期末复习考试,已经很累了,假期中许多男孩存在着一种自发产生的放松要求,甚至有一定的厌学情绪。考试一结束,就有一种千斤重担一时卸的轻松感觉,不愿再读书,或者有"且待明日"的思想,这是正常的心理反应。但如果让这种思想不断滋长,就会使得整个假期都被浪费掉。

有的男孩说:"磨刀不误砍柴工。"假期好好玩,养精蓄锐,待开学再努力吧。这是一种典型的等待思想。我们应坚决予以纠正。

当然,假期的安排也很有讲究。假期的安排不应该像课余或双休日的安排,更不宜把课排得紧紧的,应讲究安排的技巧,它的安排原则是既玩好,也学好。

从内容上,假期不仅要安排教材的学习,还应安排一定的社会实践活动,争取能把"玩"和社会实践结合起来,做到有目的地玩,在玩中了解自然、了解社会,在玩中读好社会这本无字天书。

在时间安排上,一般放假后就可立即进行社会实践的活动,让紧张的头脑松弛一下,做到"一张一弛,文武之道",这是有必要的。至于到什么地方去实践,则应该根据自己的情况认真考虑。

当然,假期最重要的是自学,为此,要把时间安排好,排个时间安排表,照时间表有计划地学,不要凭兴趣,这本书翻翻,那本书翻翻，结果什么也没学到。

另外，假期间的学习要注意四个问题。

1. 要提高

假期自由时间多了，我们的学习应在原来的基础上有所提高。对那些原来没有学好的或似懂非懂的知识，要专题攻坚，注意那些要跳起来才能摘到的"桃子"，也就是我们通常说的要靠能力才能解决的问题。为此，应该找一本复习资料，学学练练，特别要注意人家解题时的思路，学会思维，这是能力培养的基础。

2. 要把原来学过的知识系统化

一般来说，期末结束前，各科都告一个段落，这就为我们把学过的知识系统化提供了条件。在认真研究教材的基础上，先理出各科各章节的知识点，再找出它们的联系，从而形成一个知识网络图，把理好的知识网络在我们的头脑中反复思考，斟酌改进，最终成为我们的认知结构。这就使我们在今后的学习中能够比较容易调出需要的知识，不易卡壳，还可使联想通道通畅，便于记忆。

3. 要查缺补漏

利用假期对自己基础薄弱的学科进行"假期恶补"是个好办法。一位安徽省高考文科状元介绍过他的学习经验，他原来数学成绩并不太好，报考了文科。但他知道文科也要考数学，结果利用高二的一个寒假进行了"假期恶补"，一个假期做了六七百道数学题，数学从"最忧"变为不怕，从薄弱变为坚实，最后变为"最优"。结果，高考时数学分上去了，当上了状元。

4. 要预习

假期间，新书未到，不妨向高年级的同学把教材借来先预习。

预习时，首先浏览粗读，有个大概了解，然后通过自学先认真学习几章，达到一定水平，通常达到会做教材上的习题即可，那么待新学期开始，你的学习就主动了。

　　总之，假期时间是宝贵的，我们要根据自己的特点，根据生理、心理的规律，安排好时间，安排好假期，充分利用好假期，不要让假期在我们的放任自流中白白浪费掉。任何计划都是"死"的，是条条框框，在特殊情况下，可以根据实际情况灵活机动地调整，这样既能合理安排假期时间，又能锻炼优良的意志品质。另外，假期计划要制订在经过努力确实可以实现的基础上。因为过高难以实现，便会使自己感到不安，产生自卑感；过低，则阻碍自己正常水平的发挥。

第五章

给渴望完美的你

跟名人学做读书笔记

余浩最近在看名人的传记，看到了关于名人如何读书的事情。

很多人读书的时候都爱做笔记，通常一边读，一边研究，一边在旁边写上自己的读书心得，很多人读过的书里都有密密麻麻的笔记，再次翻看的时候，可能又会加上新的感想和认识，这样一而再，再而三，有的人读书积累的读书笔记比书本本身的字数还要多。当然，对书上讲述的内容也就透彻理解了。

余浩也受到了启发，他觉得这样做读书笔记一定比自己只是看书收获要大很多。他也在自己阅读的时候尝试去做读书笔记。

开始的时候没有自己的感想，就在自己认为重要的句子上做标记，等后来也开始把读到的内容和自己以前看到的内容相联系，做出自己的评价和判断，他觉得这样读书不仅收获大，而且不枯燥。

看来读书笔记的学问还真不小，以前的他读书就像走马观花，现在认真做读书笔记以后，他觉得自己在阅读中获得了很多以前没有过的收获。

给男孩的悄悄话

读书笔记是我们在看书时，把自己读书时的一些心得或书中精彩的部分整理出来而做的笔记。俗话说"好记性不如烂笔头"，只有用笔以文字的形式记录下来，才能保存久远。许多名人都有爱做读书笔记的习惯，俄国文学家托尔斯泰就要求自己身边永远带着铅笔和笔记本，读书和谈话的时候碰到一切美妙的话语都把它记下来。

伟人尚能如此，那我们青少年更应该要学会做读书笔记。现在比较多的青少年没有做读书笔记的习惯，看完书的那一刻，顿时产生了许多思考，深受启发，但很少会记录下来。一段时间过后，自然也就没有什么印象了。对青少年来说，做读书笔记有很大的好处。一来可以记录下文中优美的语句，在我们写作时可以借鉴。二是做读书笔记可以更好地帮助我们深入理解，方便我们记忆。三是可以锻炼我们构思、写作的能力。对我们的学习大有帮助，为此在今后的学习中，我们要有意识地培养自己做读书笔记的习惯。

青少年可以从采用摘要式读书笔记、评注式读书笔记和心得式读书笔记这三个方面锻炼自己。

为自己列一个课外阅读书单

在覃健的书桌上，有一本十分特别的记事本。上面写上"小说""历史故事""人物传记""漫画书"等字。覃健从小就养成了一个良好的习惯，他不仅爱好看书，他还喜欢把自己看过的每一本书分门别类地记下来，其中包括书名、作者、出版日期、出版社、于哪年哪月看完等。当他读到自己最喜欢的一本书时，他会做上特别的符号，推荐给其他的同学，甚至还会写下自己的读后感，与同学做交流。

此外他也会把同学向他推荐的书名记录下来，等有时间的时候再看，同时也会为自己拟一个看书计划。覃健爱好读书，阅读的书籍涉及范围特别广，古今中外都有所涉及，既有科普知识类、文学类，又有人物传记类、卡通漫画类。

在读小学的时候，覃健并没有为自己列一个书单，阅读的书籍也相对比较少。现如今，已是高中生的覃健，阅读的书籍越来越多。为自己列一个书单，这个书单既是覃健阅读量的直接体现，又是对修养身心过程的一个记载，还可以增强覃健的自信。

给男孩的悄悄话

一张薄薄的书单是我们青少年的精神财富，它记录的不仅是我们阅读量的多少，更是塑造青少年人生观、价值观、世界观的一种体现。一个人在青少年时期看什么样的书，读书在他的生活中占什么样的地位，往往能决定他今后的精神生活是否丰富多彩，与对生活的感悟和态度、对人生的理解有着密切的联系。

青少年不要把长长的书单看成是向别人炫耀的资本，那不是我们列书单的本意，在每本书名的背后应该是我们阅读后的一些思考和评价，对我们有心灵上的触动。青少年与作者对话、与书中的人物进行对话，当我们遭到困难和挫折时，还能想到我们曾经读过的书，那张书单就是我们战胜自我的精神动力所在。

青少年们从现在开始，为自己列一个书单吧！写下那些伴你一路成长的好书。让那些影响你一生的好书,留下精彩的一笔吧!在自己的精神世界里,慢慢体会看书学习带来的快乐和富有。

欣赏国画,了解传统文化

　　程波涛跟着爷爷去参观国画展览了,听说这次展览的作品都是国画大师的精品,作为国画爱好者的爷爷就拉着程波涛去看画了。爷爷希望孙子也能看到国画的美,希望孙子也能喜欢中国传统文化的精粹。

　　波涛随着爷爷来到了展览中心,大厅里到处都是大幅的国画,有的是彩色的,有的是水墨画,都是惟妙惟肖,那些花草、动物看着都活灵活现的样子,波涛被这些画的意境所吸引,驻足在一幅幅国粹面前,陶醉于这薄薄的纸上蕴含的深厚功夫。

　　他多想自己也能在大大的白纸上肆意挥洒,挥毫泼墨,画出自己心中的美丽世界。很多画作的下面还写着注释,都是对画的一些简单解释,看着那些优美的文字,让人陶醉的国画,波涛觉得自己仿佛来到了另一个世界。

　　回来之后,爷爷又给他讲了很多关于国画的故事,还有一些国画大师的生平事迹,他在国画的人文熏陶下,也开始慢慢被国粹所吸引,以前总觉得爷爷喜欢的都是老掉牙的东西,真的接触到这些国画作品的时候,才知道这是一个五彩缤纷的世界。

给男孩的悄悄话

中国画历史悠久,它与西方美术作品有所不同。中国的绘画形式用笔墨作画,画作内容十分丰富,如花草虫鱼、山川美景、人物肖像等。在艺术创作上,融汇了中国众多的传统文化,反映出了中华民族的审美情趣,把中国人在哲学、宗教、道德等方面的认识融入其中。中国的画家在创作中对西方画作有着许多的借鉴和学习,如齐白石、徐悲鸿等人。通过他们的努力使得国画散发出新的时代风采,使得中国传统文化与西方文化有了很好的交流与借鉴。

近几年,学校、社会和国家都十分注重对青少年进行传统文化的学习,继承和弘扬中国传统文化,而国画就是其中杰出的代表。在画作中了解国画的特点,认真鉴赏其画的创作手法以及画家在画作中寄托的情感等,这些都是我们青少年们要学习的地方。

也许我们一时无法懂得如何去欣赏,但这不是我们不去了解和学习的托词。青少年要学会主动接受,在强大的好奇心的驱使下,去了解中国的国画,学习国画,实现对传统文化的继承和弘扬。

放开歌喉,唱出心声

"骁勇,你等等我,等等我啊!"唐骁勇回头一看,原来是同班同学李宏利,他急匆匆地追了上来。骁勇停了下来,李宏利气喘吁吁地说:"你怎么那么快就走了啊!我正想跟你说呢,明天是周末,我们去唱歌吧!去放松一下。"骁勇连忙说道:"我不想去，一来我不会唱歌，五音不全。二来还有很多作业要写呢。""去吧！刘军他们几个也会去的，在那里我们好好娱乐一下，缓解一下我们紧张的学习压力。在那里体验一下当'明星'的感觉，满足一下我们的明星梦吧！"

在李宏利的软磨硬泡下，骁勇最终还是答应了他的邀请。第二天晚上，他们几人如约来到了娱乐城。这里的人真多啊！既有青年学生、高级白领，又有中年人，还有头发苍白的老年人。既有人在这里举办生日聚会，又有人在这里办庆功宴，还有人在这里洽谈生意。在服务员的带领下，他们几人走向了二楼的包厢。在走廊里，可以清晰地听见包厢里唱歌的声音，经典老歌、网络流行歌曲、外文歌曲、戏剧等，随之飘进了耳朵里。

他们一进入包厢，整个人变得十分轻松。李宏利径直走向点歌台，精心筛选大家喜欢唱的歌曲。刘军拿着麦克风，兴高采烈地说："趁着这样的机会，我们一定要好好地放松一下，体验一下当'明星'的风采。骁勇，在这里就放开歌喉地唱，这也是一种宣泄的方式。我们的三大原则就是'大声、大胆、大概'，不追求音质音色，我们要的只是快乐！宏利，你点好歌了没有？快点啊！今天我们要当一回'金曲之王'，把心中的压抑和不快，统统释放出来。"宏利急忙说道："马上就好！"

音乐响起，大家都没有了拘谨。完全沉浸在音乐的世界里，大家拿出了自己的看家本领，其动作和神情都与歌唱明星十分相似，享受到了音乐带来的快乐。大家的烦恼、忧伤全被音乐带走了,放开歌喉,开心地唱了起来。当骁勇演唱《我的未来不是梦》这首歌时,同学们都响起了热烈的掌声。"我们班还真是卧虎藏龙啊!骁勇说自己不会唱歌,没想到他的歌声这么动听,真是一个演唱人才啊!""现在才知道,骁勇这么厉害啊!完全可以代表班里参加学校的校园十大歌手比赛了。"

骁勇听到同学们的称赞后,开心地说:"我很少来这里唱歌,今天充分地感受到了音乐带来的快乐,现在感到十分轻松,最重要的是在这样音响设备较好的地方,真的过了一把'明星'瘾,对唱歌有了一点自信。"

"开心就好,适当地放松,也是为了更好地学习。"李宏利接着说道。

给男孩的悄悄话

美丽的人生中,唱歌、跳舞是不可或缺的。自由、陶醉、愉悦,表现一回自己,甚至暂时地发泄不快,尽在其中。过去,找个清静的地方痛快唱歌、伴着曼妙的音乐展露歌喉是件奢侈的事情。今天,随着现代影音技术的发展,人人都可以到包房中一亮歌喉,当一次"金曲之王"。

"不需要舞台只要有歌喉,不需要专业只要有快乐",这是爱唱歌一族的口号。不同于以往的晚会现场清唱表演,包厢里的模拟演出更让人投入感情,达到出神入化的境界。人们的娱乐方式和娱乐生活由此改观。

在娱乐城幽雅的环境里唱唱歌,的确使人放松身心,感觉很闲适。

借助先进的电脑点歌系统和亲友来一段赛歌表演，把音响设备调到模拟状态，这种难得的体验是令人心旷神怡的。

做个聪慧的小棋手

晚饭过后，张琳做完了作业就迫不及待地从房间里拿出跳棋，央求着爸爸与他一起下棋。此时，爸爸正在客厅认真地看着电视，他跑了过去哀求着说道："爸爸，我的作业做完了，你答应过我，咱俩一起下跳棋的。""好，好，爸爸答应过你的事，就一定办到！""太好了，终于可以和爸爸一起下棋了。"

妈妈也凑了过来，笑着说道："父子俩谁输了，谁就帮着我洗碗做家务。"张琳和爸爸满口答应道："没问题。"下棋正式开始了，张琳先行，爸爸跟着张琳下了同一步棋。张琳想着要把最远的那枚棋子最先到达对方的棋盘，这样可以减少很多的压力。为此，张琳的目光死死地盯住了这枚棋子，绞尽了脑汁。而爸爸却不焦急，慢慢地为自己牵线搭桥，构思好每一步棋。张琳费了很大的劲，才让那颗棋子胜利地到达对方的棋盘。正当他得意扬扬的时候，爸爸的棋子连跳几级，不费吹灰之力就进入了自己的棋盘，张琳看后都傻眼了。他似乎从中得到了点启发，决定整体作战，不能单个进行游击战。棋盘上的局势越来越复杂了，张琳举棋不定，思前考后，刚一落棋子，他马上就后悔了，刚才不应该走这步棋的。正当他下手悔棋,爸爸一把抓住了他的手,说:"落棋后就不能悔棋了,你应该考虑好了,再走这步棋。""刚才是我没看见啊!"张琳忙说道。"下棋的时候一定要眼观六路,看好棋局,这是对你考虑不周全的小小惩罚,不能悔棋。"张琳一听,只好接受了。

棋局对张琳越来越不利了,他苦苦的哀求道:"爸爸,这次你就让让我吧!"爸爸看着他苦苦哀求的样子,满口答应了。尽管爸爸一再让步,张琳最终还是输了。

"儿子,你还要多向爸爸学习啊!现在你的工作,就是帮我洗碗干家务。"妈妈笑呵呵地说道。"是!有了这次的经验教训后,下次我一定要赢,给爸爸一个洗碗的机会。"爸妈听后,高兴地笑了起来。

给男孩的悄悄话

男孩子大都爱玩棋,既娱乐身心,又开发智力。

棋是博弈的一种,它不像拳击、足球等运动项目以拼体力为主,下棋拼的是智慧,比的是谋略,斗的是心计。棋不仅是竞技或娱乐,还是一种文化,与棋有关的一些词语都已渗入生活中,如"星罗棋布""棋逢对手""举棋不定""丢卒保车""丢车保帅"等等。

世事如棋,棋亦如世事。破釜沉舟、步步为营、"一着不慎,满盘皆输"的事在现实中也并不罕见。青少年如果能从棋理中悟出做事之理、做人之理,则就算不是棋坛高手,也可算是人生中的智者了。

生活中常见的有中国象棋、国际象棋、围棋、军棋、跳棋以及网上流行的五子棋。至于民间杂棋的种类，则不可胜数。

挥洒翰墨，写意人生

"爸妈，我的书法作品得奖了，还是一等奖呢！"蒋炳璇还没进家门，就在家门口大声叫喊道。院子里的邻居听见后，朝他竖起了大拇指："璇璇真厉害，功夫不负有心人啊！"刚从学校接女儿回家的王阿姨听说后，忙对女儿说："晓寒，我们要向哥哥学习，认真练字，好不好啊？"晓寒急忙跑了过去，拽着他的裤子说："哥哥，我要向你学习，也要得一个大奖。"院子里的邻居听见后，哈哈地笑了起来。

蒋炳璇书法作品得奖的事传遍了整个院子。院子里的叔叔阿姨、爷爷奶奶都称赞他，"蒋妈妈你真是教子有方啊！""小小年纪就能写一手好字，不简单啊！"蒋妈妈听后，心里十分高兴，为儿子感到骄傲。

说起练习书法，蒋妈妈知道儿子付出了很多的心血。由于受到爸爸爱好书法的影响，蒋炳璇从小就喜欢练习书法。看了爸爸那苍劲有力、遒美健秀的毛笔字后，他决心要向爸爸学习，练习书法。在爸爸的指导下，他从如何拿笔开始学起，一横一竖都要认真地反复练习。刚开始，他按照爸爸的要求练习最简单的笔画。

两三个月过去了，他十分不理解为什么爸爸还是要求他练习横竖这样简单的笔画，完全可以练习其他的笔画了。他决定要跟爸爸好好谈谈，晚上他走到爸爸的书房，看见爸爸正在认真的练习，走进一看爸爸也在练习简单的笔画，这更让他好奇了。爸爸练习了十多年的书法，许多的书法作品还参赛得奖了，为什么还要练习这样简单的笔画呢？

爸爸抬起头看着他，笑了笑说道："练习好一横一竖，是我们练习好书法的基础。如果连这样的基础都不具备，又怎能写好毛笔字呢？练习书法，要有一颗持之以恒的决心，没有这样的恒心，不经过长年累月的练习，是不会进步的。练习书法，不仅仅是为了写一手漂亮的毛笔字，更是对我们意志与品质的培养。字如其人，欣赏一幅画作往往能从中看出这位作者的性格品质。爸爸希望你能坚持努力，终有一天会有所收获的。"蒋炳璇听后，羞愧地低下了头。

回到房间后，他拿起了毛笔继续开始一横一竖简单笔画的练习……

给男孩的悄悄话

书法是我国特有的、形体丰富的传统造型艺术，已有3000多年的发展历史。中国书法一般使用圆锥形的软笔来书写汉字，并要求达到精、神、美的艺术效果。书法主要有行书、楷书、隶书、篆书、草书、魏碑等体。书法最早是指写字记事的技艺，随着书体渐多、技法逐精，书写内容成为表现书写者的内在精神因素，以致发展成为一门独特的艺术，形成一整套完整的技法。

历史上书法名家众多，钟繇、蔡邕、张芝、王羲之、王献之、颜真卿、柳公权、褚遂良、苏轼、米芾、赵孟頫、董其昌，等等。

书法是一种构成艺术，它是在洁白的纸上依靠毛笔运动的灵活多变和水墨的丰富性，在纸面上形成有意味的黑白构成。它也是一种表现性的艺术，书写者的笔是他手指的延伸，笔的疾厉、徐缓、飞动、顿挫，都受主观的驱使，成为他情感、情绪的发泄；书法能够通过作品把书法家个人的生活感受、学识、修养、个性等悄悄地折射出来，所以通常有"字如其人""书为心画"的说法；它又极具实用性，可以用于题词、书写牌匾。

青春期男孩学习书法，益处颇多：

1. 毛笔字的进步会带动钢笔字的进步。
2. 学好书法有利于眼睛、脊椎骨的健康，有益于长寿。
3. 有利于培养和形成良好的习惯与意志、品质。
4. 有利于综合素质的提高。

青春期男孩怎样才能学好书法呢？有专家指出：

1. 要激发兴趣，才会积极学习。
2. 根据自身的个性、爱好，选择最喜欢的字体入门。
3. 认真读名家法帖，练眼练心，做到胸有成贴，脑有成字。
4. 练手，即练指力、练腕力、练手感。要让笔成为手的延伸。
5. 要心平气和，善始善终，不可心浮气躁。
6. 要有恒心、有毅力，不可轻易变换字体。
7. 要学用结合，练写合一。

用画笔激扬青春

像其他的孩子一样，高二学生张海涛在周末的时候常去一个绘画工作室跟老师学习画画。对他来说，画画对他有着特殊的意义。

小时候，张海涛患有较为严重的自闭症，无论是在家还是在学校，他都不愿与人交流，常常独自一人发呆，从不开口与人交谈。爸妈十分焦急，想尽了各种办法，仍然不见好转。有一天，爸妈发现六岁的小海涛拿起了笔在一张白纸上来来回回地画着，虽然画的内容比较简单，只是一棵小树苗，但这让爸妈无比高兴，因为儿子通过手中的笔来表达自己的情感了。从那以后，爸妈十分关注他的一举一动，虽然儿子不开口说话，但外出时儿子看着某一景物出奇的认真仔细，回到家后他把自己关在房间里，根据自己的回忆加上自己的想象把景物画下来。爸妈知道画画成了儿子自己与自己，与他人之间的一种沟通方式。爸妈看着小海涛的画，亲切地问道："海涛，你画的是我们院子里的那棵树吗？""海涛，这张纸上你画的是中心公园里的那座凉亭吗？"刚开始，小海涛只是用点头或摇头的方式来回答爸妈的问题。这对爸妈来说是一个极大的安慰，儿子现在的举动终于与他们有互动了。

慢慢地，奇迹发生了，小海涛终于开口用简单的语言回答爸妈的问题了。尽管只是"是"或"不是"这样的回答，但这样爸妈高兴极了。爸妈根据海涛喜欢画画这一兴趣，坚持不懈地尝试着与儿子进行沟通。经过一番努力，海涛的自闭症得到了缓解，慢慢地喜欢开口说话了，喜欢与人沟通交流了。

现如今，已是高中生的海涛选择了学习美术。选择之初他对爸妈说："爸妈，我喜欢画画，我会认真学习画画，争取考上美术院校，实现我想当画家的梦想。"爸爸听后高兴地说："画画对我们一家三口有着特殊的意义，爸爸和妈妈永远支持你的选择，认真学习画画，实现自己的梦想。"

有了爸妈的支持后，海涛更是信心十足。周末不是外出写生，就是来到画室跟着老师学习，他从来不觉得辛苦。

给男孩的悄悄话

很多男孩都热爱绘画。小时候，照着课本，男孩子画一个武士、一把宝剑，任梦幻在心底飞翔。长大了，背上画夹，在青山绿水中徜徉、将惊艳永恒地铭记在画纸上，是何等的满足、惬意！

画画的作用包括培养美感、促进认知、发展智力、提高手眼脑的协调性和手的灵活性、促进创造性的艺术想象力和表现力，等等。这些作用中最重要的在于它具有培养创造性的功能，这种功能是通过造型活动实现的。

另外，画画能陶冶情操、锻炼身心、开发大脑思维的想象空间。

喜欢画画的人，性格大多乐观、豁达，遇事谨慎有分寸，感情细腻而浪漫。

青少年学画画，可以从素描和色彩开始。

由木炭、铅笔、钢笔等,以线条来画出物象明暗的单色画,称为素描。通常讲的素描多元化指铅笔画和炭笔画。素描是一切绘画的基础。

初学素描常从铅笔开始,主要原因是铅笔在用线造型中可以十分精确而肯定,能较随意地修改,又能较为深入细致地刻画细部,有利于严谨的形体要求和深入反复地研究。同时铅笔的种类较多,有硬有软,有深有浅,可以画出较多的调子。铅笔的色泽又便于表现调子中的许多银灰色层次,对于石膏等基础训练作业效果较好,初学者比较容易把握。

有一定素描基础之后可以开始色彩练习。拿水粉来说,它易改、易画,表现技法相对比较少。

水粉练习初期可以做一张色表。自学画的过程中可以从临摹——写生——临摹的学习方法来练习。

要有"多画、多看、多想"的习惯。画一张画的过程要遵循"理性——感性——理性""整体——局部——整体"的思维观察方法。

至于画的表达技法太多,需自己在练习中琢磨。

用礼仪获取他人的好感

吴飞从小就受家人溺爱,养成了什么都不顾只顾自己的性格。一天,妈妈带吴飞去参加老同学聚会。用餐时,大人们推杯换盏尽情地聊着,吴飞眉眼不抬,只看眼前的菜盘子。只见他伸着筷子,看哪盘菜好吃就一个劲儿地挑着吃,一副不管不顾的样子。有位阿姨开了个玩笑说:"这小伙子真精啊!"妈妈听了简直无地自容。

是呀,在家里吃饭这不算什么事,奶奶每次做了好菜都紧着吴飞吃。像三鲜虾仁这道菜,吴飞就专挑虾仁吃,奶奶还帮着他挑,直到把盘子里的虾仁挑得一个不剩,留下一堆黄瓜片,他才住手。现在虽说到了外边,可习惯已经成自然了,这丢脸的吃相一时哪里改得过来。

妈妈凑近吴飞悄悄耳语几句,想让他收敛一点儿,可是吴飞根本就听不进去。他还很委屈呢:我不就吃个菜吗,哪那么多事,在家里不是天天这样吃啊。果然是习惯成自然,看来妈妈要纠正吴飞的吃相,需要下不少工夫。

给男孩的悄悄话

吴飞没有礼貌,让妈妈感到惭愧,更给别人留下了不好的印象。古人说:"不学礼,无以立。"中国是一个历史悠久的礼仪之邦,讲究文明是人们的处世之本。礼貌待人,反映着一个人的精神面貌和文化素质,是心灵美、语言美和行为美的和谐统一。

而今天,我们经常见到听到一些青少年缺少文明礼貌的行为:脏话连篇,随地吐痰,在一些公共场合旁若无人地大声喧哗,随手乱扔废弃物,买东西交款不排队,上公共汽车乱挤,等等。人们瞧见了会说:"这孩子缺家教。"

在公共场合,青春期男孩需留心自己的言行举止,不可忽视。男孩们可注意以下几点:

1. 公开露面前,须把衣裤整理好。尤其是出洗手间时,最好与进去时保持一样,或更好才行,边走边扣扣子、边拉拉链、擦手或甩水都是失礼的。

2.参加正式活动前,不宜吃带有强烈刺激性气味的食物(如葱蒜、韭菜、洋葱等),以免因口腔异味而引起他人的不悦甚至反感。

3.在公共场所里,高声谈笑、大呼小叫是一种极不文明的行为,应避免。在人群集中的地方特别要求交谈者加倍地低声细语,声音的大小以不引起他人注意为宜。

4.在众人之中,应力求避免从身体内发出的各种异常的声音。咳嗽、打喷嚏、打哈欠等均应侧身掩面再为之。

5.公共场合不得用手抓挠身体的任何部位。文雅起见,最好不当众抓耳搔腮、挖耳鼻、揉眼搓泥垢,也不可随意剔牙、修剪指甲、梳理头发。若身体不适非做不可,则应去洗手间完成。

6.对陌生人不要盯视或评头论足。当他人做私人谈话时,不可接近之。他人需要自己帮助时,要尽力而为。见别人有不幸之事,不可有嘲笑、起哄之举动。自己的行动妨碍了他人应致歉,得到别人的帮助应立即道谢。

7.在人来人往的公共场所最好不要吃东西,更不要出于友好而逼着在场的人非尝一尝你吃的东西不可。爱吃零食者,在公共场所为了维护自己的美好形象,一定要有所克制。

8.在大庭广众之下,不要趴在或坐在桌上,也不要在他人面前躺在沙发里。走路脚步要放轻,不要走得咚咚作响,遇到急事时,不要急不择路,慌张奔跑。

9.感冒或其他传染病患者应避免参加各种公共场所的活动,以免将病毒传染给他人,影响他人的身体健康。

10. 对一切公共活动场所的规则都应无条件地遵守与服从，这是最起码的公德观念。不随地吐痰，不随手乱扔烟头及其他废物。非吐非扔不可，必须等找到垃圾桶后再行动。

学习待人接物的技巧

妈妈的大学同学们要来家里做客。周末早晨，周和妈妈一起准备招待客人的水果和用具，妈妈一边告诉他准备什么东西，一边给他讲她的大学时光和今天要做客的朋友。他觉得妈妈的朋友们都很有趣，所以也消除了最开始妈妈说要他帮忙招待客人的紧张状态。

门铃声响起来，周去开门，几个衣着光鲜的阿姨走进来。他热情地和阿姨们打招呼，妈妈见了她们之后和她们热情地拥抱，周就忙着给阿姨们端茶倒水，妈妈给大家介绍了自己的儿子周，也给周简单介绍了她的几位大学同窗。妈妈和那些阿姨聊天的时候，周就在一边安静地待着，也不插话，有时候给众位阿姨递送水果，偶尔也热情地给妈妈的朋友们介绍当地的特色景点还有一些家里的趣事，妈妈去做饭的时候，他还帮忙在厨房收拾餐具，和阿姨们聊天。大家都夸奖周是个热情周到的孩子。

送走了客人，妈妈满意地夸奖周做得好。周不好意思地挠挠头。热情招待客人是小学生就应做到的文明礼貌，现在他都是中学生了，做好这点小事是应该的。

给男孩的悄悄话

　　一个人的修养决定他的生存方式。有修养的人，不但能受人尊重，而且还能成大器；没修养的人，不但害人害己，还会不得人心。对于男孩来说，尤其在公共场合，更应重视行为举止。

　　生活在现代社会的人，必须学会待人接物的方法，善于与人礼貌往来。因为和谐的人际关系无疑已成为当今世界人才的重要素质之一。有些男孩因缺乏待人接物的经验，往往在交际中表现得不尽如人意。

　　在生活中我们会发现，凡是社交能力比较强的人，往往更容易赢得机遇。而这些文明礼貌的处世本领、交往能力，都需要从小培养。

　　男孩参加接待客人的活动，有利于培养主人翁精神。在参与接待客人的过程中，体会到主人和客人地位的不同，自然会产生一种自豪感和责任感，会比平时更小心，殷勤百倍。这也有利于培养男孩礼貌待人的好习惯。要接待好客人，让客人满意，就必须在语言、行为上都讲究礼貌，实际上这也是给男孩提供礼貌待人的练习机会。而且能学到一些待人接物的方法。最初男孩是不会接待客人的，这就需要学习和锻炼。怎样培养接待客人的能力呢？

1. 做好心理准备

　　在客人尚未到来之前，我们应该了解，客人什么时间来，谁要来。客人与父母、与自己的关系以及该如何称呼。使自己在心理上做好接待客人的准备。

2. 与父母共同做准备工作

男孩可以和父母一起做接待客人的准备工作，如打扫房间、采购糖果等，共同创造一个欢迎客人的气氛。

3. 在父母的帮助下接待客人

例如，客人来了，可以请父母帮助自己招呼每一个人，请客人坐，请客人吃糖果。还可以把自己的玩具拿出来给小客人玩，把自己的相册拿给大家看。

4. 学着与客人交谈

男孩应大方地回答客人的问话，在别人讲话时不随便插嘴。

制订"删除坏习惯"的计划

最近半个月，一向表现很好的侯阳在上课期间出现了注意力不集中、爱打瞌睡、目光呆滞、脸色苍白的状况，精神状态极度不佳，常拖欠作业，学习成绩也有所下降。班主任王老师观察到后，关心地问道："侯阳，马上就要期末考试了，是不是学习压力太大了，没有休息好啊！看上去你脸色不好，还是去看看医生吧！""没有，不用——不用——真的不用，王老师我没有不舒服，不用去医院。"侯阳吞吞吐吐地回答道。

一个星期过去了，侯阳的精神状态还是没有好转的迹象，学习成绩下滑得比较快。王老师决定去侯阳家进行家访。在家访中，王老师得知侯阳一回到家，就把自己关在房间里，不像往常一样帮妈妈干些力所能及的家务，常常要爸妈敲好几次门才出来吃饭。吃完饭后，放下碗筷又把自己关在房间里。王老师说道："侯阳近来精神状态不太好，现在学习任务比较重，但还是要有充足的睡眠，这样才能开始第二天的学习。"爸妈听后一脸的疑惑，忙说道："侯阳的作息时间一直没有改变，他晚上很早就睡觉了，怎么会精神状态不佳呢？"这究竟是怎么一回事呢？这样他们疑惑不解。当得知侯阳的学习成绩也有所下降时，他们决定好好地观察一下侯阳。

侯阳像往常一样，很早就上床睡觉了。爸妈也像平常一样，早早地熄了灯，但他们并没有睡，而是躲在门后观察对面房间儿子的一举一动。没多久，儿子房间发出一丝丝微弱的灯光，爸妈轻轻地走了过去，侧着身子静静地在门外听房间里有什么声响。此时，从房间里传出了"噼噼啪啪"的声音，爸妈打开门一看，只见侯阳坐在电脑前正聚精会神地玩着电脑游戏，对于爸妈的突然闯入，侯阳丝毫没有注意到，还沉浸在虚幻的游戏里。爸妈终于找到侯阳精神状态不佳的原因了。

最近一个月以来，侯阳感到学习压力大，想以玩电脑游戏作为一种释放压力的方式。没想到却从此迷恋上了游戏，常常抑制不住，甚至背着爸妈通宵达旦地玩游戏。

学习成绩下滑的事实和爸爸妈妈的劝导，让侯阳下定决心改掉自己迷恋游戏的坏习惯。

傍晚放学回家，他像往日一样帮助妈妈做家务，转移自己对游戏的注意力。晚饭过后,他帮着妈妈收拾碗筷,回到房间做好作业,预习好第二天的功课后,就和爸妈一起散步,一边散步一边谈论见到的趣事。爸爸常常和他一起下棋,陪着他练习书法,渐渐的侯阳玩电脑游戏的时间越来越短了,对游戏不再像以前那样痴迷了。他发现自己还有那么多的兴趣爱好,在转移自己对游戏的注意力的同时,更是一种修身养性。

给男孩的悄悄话

习惯是人生的主宰,一个好的习惯让人受用一生,许多个好习惯加起来,就可以成就一个人一生的辉煌。性格决定命运,习惯作为思维、心态的反复再现而成了性格的一部分,所以我们说习惯决定命运。从小培养好习惯,改掉坏习惯,青少年的命运也将随之改变。

生活中,青春期男孩如何制订有效的"删除坏习惯"的计划呢?

1.要充分认识好习惯的重要性、坏习惯的危害性,你才能有坚定的决心、坚决的行动去"删除"坏习惯。

2.许多青少年面对自己的"坏习惯"没有足够的自制能力和意志,经受不住"坏习惯"的纠缠。比如无法控制网络、烟酒的诱惑,等等。那种凡事都无所谓的想法,使自己偏离了健全的自我意识的轨道。青少年应根据自己的实际情况,为自己制定一个惩罚"坏习惯"的制度,通过自我努力,达到有效控制、克服坏习惯,达到自我完善。

3.按部就班,一步一步做起。一旦决定改变习惯,就拟定当月的目标。目标不可过大,比如有人戒酒时,就采用每天比前一天少喝一点的办法,最后戒掉。

4. 古人说，要"齐家治国平天下"须从"修身、养性"开始，即从点滴的习惯开始，行知并重。要想克服拖延的坏习惯，就必须懂得珍惜时间；要想克服懒惰的坏习惯，就必须勤奋；要想克服打架斗殴的恶习，就必须学会宽容。

5. 我们常说万事开头难，一个新习惯的诞生，必然会冲击相应的旧习惯，而旧习惯不会轻易退出，它要顽抗，要垂死挣扎。另外，我们的机体、心灵也需要时间从一种状态过渡到另外的状态，需要一个适应过程。从记忆的角度讲，人也需要不断复习新建立的好习惯，以求强化它。所以，前三天要准备吃点苦，要下功夫，要特别认真，过了这一关，坦途就在眼前。

6. 为自己找个榜样，看看成功人士是如何改掉坏习惯的。

要改变坏习惯，男孩们还可以尝试以下做法：

1. 认识到自己有什么坏习惯必须改掉。例如使你逃避问题的习惯，使家人、朋友或同学厌烦的习惯，你觉得并不能带来愉快但又不能自拔的习惯，等等，都是必须改掉的坏习惯。

2. 学一点风趣、机智。让别人与你谈话都觉得很愉快，乐意听你说话。

3. 学会提问，而且问得恰当。问别人私事要适可而止，切不可追根问底。对别人关切的事能表示关怀，有诚意对他人做进一步的了解。

4. 不可装着自己什么都懂。不知道就说不知道，诚恳地问人家，更容易给人亲切感。

5. 找一些有利的新朋友。例如你要改掉暴饮暴食的习惯，就和饭量小的人一起吃饭。

6. 多参加各种各样的活动。不要把自己的快乐活动限制在你喜欢的那一两项中。

7. 凡事不必看得太严重。从日常平淡的生活中发掘乐趣，与你周围的人共享生活的甜美。

8. 把握机会多交朋友。

9. 多想别人好的一面，少提缺点。

每天自省5分钟

最近一次英语测验的成绩出来了，徐涛的成绩下降了很多，上次的数学成绩也不理想，身为学习委员的他担心会挨老师的批评。

下课后，老师果然把徐涛"请"进了办公室。老师开门见山地问："这两次测验的成绩怎么这么差？是上课有什么地方听不明白吗？"

徐涛小声地说道："都能听明白……上次测验是因为晚上没有睡好，第二天没有精神。这次是因为听英语听力的时候，耳机有噪声，没有听清楚，也影响了后面题目的发挥。"听了徐涛的话，老师没有多说什么，只是说："马上就要期中考试了，好好准备，别出现不必要的失误。"

能这么轻松自如地"应付"老师，徐涛感到很得意。最近他迷上了网络游戏，整天想着练装备、打怪兽、升级。上课就无心听讲，功课也做得很潦草。一段时间下去，觉得学习有些吃力了，连着两次测验成绩都不好。

不过徐涛倒是不怎么担心，凭自己的聪明，只要自己稍微多花点时间，成绩马上就可以提上去的。要期中考试了得先放一放游戏，准备功课了。可是没有想到自己在这段时间落下的功课太多，尤其是数学，很多知识点都不懂。因为对老师说过都懂，就不好意思去问老师。期中考试，徐涛的成绩更差了。

班主任老师要求徐涛总结原因。徐涛总结道："这次考试，坐在我前面的是隔壁班成绩很差的同学，考试时总回头看我的试卷，我总得提防他抄袭，结果扰乱了思维，没法安心做题。"老师听了，生气地说道："你总是找客观原因，根本就没有认识到自己的问题，回去好好反省一下，写个书面总结给我！"

这次考试失利，又挨了老师批评，徐涛确实很受打击。他决定好好反思最近的行为：的确是因为自己迷恋网络游戏，没有把心思放在学习上。自己还为了掩盖自己的错误做法找了很多借口，甚至自己也被这些借口迷惑了，认为那是造成自己学习退步的原因。

通过反省后，徐涛认识到了自己的错误，深刻总结了成绩下降的原因。"敢于承认错误就是好样的，有反省才能有进步！"老师欣慰地说。

给男孩的悄悄话

生活中，许多男孩面对问题时，总是说"我不是故意的""这不是我的错""本来不会这样的，都怪……"找借口、指责别人已经成为他们的习惯，反省自己却比登天还难。人人都犯过错误，但很少有人能反省自己。

大多数人就是因为缺乏自省习惯，不晓得自己这些年以来的转变，才会看不清楚自己的本质。而一个不知道自身变化的人，就无法由过去的演变经验来思考自己的未来，当然只能过一天算一天。

一个人如果能随时诘问自己过去的转变，就可以找出以往看待事物的观点是对还是错。若是正确，往后当然可以继续以此眼光去面对这个世界；万一是错的，也可以加以修正。如此就可以帮助你以正确的观点去看待周围的事物。

曾子说："吾日三省吾身。"智者以世人为鉴，时刻反省；愚者只以自己为鉴，永远只能停留在原地。

人生天地间，浮浮沉沉、起起落落是常有的事情，这就要求我们必须随时自我反省，修正自己的错误，扬长补短。

青春期男孩每天可以抽出5分钟时间，反省一下自己："与人交往中，我今天有没有做不利于人际关系的事？在与某人的争执中我是否也存在不对的地方？对某人说的那句话是否得体？某人对我不友善是否有什么特殊原因？今天所做的事，处理是否恰当？是否有不妥之处？怎样做才会更好？有没有补救措施？到目前为止，我做了些什么事？有无进步？时间有无浪费？目标完成了多少？"

反省的好处在于可以通过修正言行来使自己进步。每日反省5分钟，能纠正你做人处世的方法，让你有更加明确的方向。

做事追求完美,但不苛求

身为班长的沈庆元,对自己的要求十分高,不管做什么事情,都会竭尽全力,对细节部分更是不肯轻易放过,事事都想争取接近完美。在班级工作中,他并没有受到大家的好评,反而引起了同学们的一些不满。这种不满主要来自班长沈庆元过分追求完美,已经到了苛求的阶段。

下个月,学校要举行一次全校性的红歌合唱比赛活动,各班级接到通知后,纷纷抓紧时间排练。班长沈庆元负责组织全班同学的排练工作,排练前,沈庆元根据同学们的身高条件,排好了队形。排练的时候,班长就同学们的着装、表情、神态都给出了具体的要求,只要他发现有同学做得不够好,他都会要求全班同学重新排练。刚开始,大家还能积极配合,次数多了,很多同学产生了厌烦的情绪。正当大家在认真排练,兴致正高的时候,他常常叫大家暂停,说道:"刚才又有一个同学做错了,大家要把排练看成是真正的比赛,不能出一点差错,只有这样才能取得好成绩。"大家在排练的时候,十分担心自己会出错,会影响到整个排练的进程,因此注意力常常很难集中,反而经常出错。在音调上,班长对大家的要求更加严格,在一个音节上,经过无数次努力,同学们还是很难达到要求。可班长就是不肯放过,一次又一次,无数遍地进行尝试,同学们的嗓子都哑了,可他仍然在坚持。

"希望大家能再坚持一下，我们要一次比一次做得好，争取达到完美。"

同学们听后对他的意见也越来越大，认为他这样做太过苛求了，什么事都想办到最完美。须不知这样一味地追求完美，带给同学们的是身心疲惫。"真不知道，班长这种过度的追求完美，有什么样的意义？""无论我们做得再好，也无法达到完美。"

当同学们产生厌烦情绪时，班长也认识到了自己思想上的错误，凡事可以追求完美，但不能苛刻。

给男孩的悄悄话

有句广告词说："没有最好，只有更好！"作为不甘平庸的青少年，应该不断追求完美。追求完美，就是任何事情都力求做到最好，至少是自己能力的极限。能够做得更好的事情绝不迁就自己的惰性；明明知道可以做得更好，绝不抱着"差不多就行了"的思想得过且过。

追求完美，是人类自身在渐渐成长过程中的一种心理特点，或者说一种天性。人类正是在这种追求中，不断完善着自己，使得自身脱去了用以遮羞的树叶，衣服变得越来越漂亮，成为这个世界万物之精灵。如果人只满足于现状，而失去了这种追求，那么大概现在还只能在森林中爬行。但是追求完美过了头，就变成了偏执，反而达不到完美了。

青春期男孩们，事事追求完美是一件痛苦的事，它就像是毒害你心灵的药饵。因为这个世界本来就不是完美的，过去不是，现在不是，未来也不会是，人如果事事追求完美，那无疑是自讨苦吃。

青春期男孩们追求完美的初衷总是美好的,但如果不切实际地一味追求下去,一心只想十全十美,最终往往是两手空空。直到有一天你才会明白:为了寻找一片最完美的树叶而失去了许多的森林是多么得不偿失。世间许多悲剧,正是因为一些人热衷于追求虚无缥缈的完美,而忘却了任何一种正常的选择都可以走向完美。完美不是一种既定的现象,而是一种日臻完善的执着追求过程。

第六章

给终将步入社会的你

正确面对失败

钱巍坐在教室的角落里发呆，还想着自己昨天踢进的乌龙球。最近学校在举行班级间的足球联赛，爱好足球的钱巍自然也是班里的足球队主力。昨天是他们班能否进决赛的一场关键比赛，大家都使出全身力气，争取晋级决赛的名额。钱巍自然也不例外，他也极其希望自己的班级能够夺冠，并贡献自己的一分力量。

对手也是很强的班级，他们队员的体力明显要优于自己，昨天的足球一直在钱巍他们班的半场里盘旋，他们没法对对方展开攻势，钱巍终于在后半场的时候截下了对方脚下的足球，也许是求胜心切，他铆足了劲，想把球开出自己的半场，也不知道是过于紧张，还是真的被昨天的太阳晒昏了头，他一脚开出去的球，既没有飞向队友，也没有向着对方的半场，而是向着自己的球门直奔而去。场上的观众都发出惊呼，守门员根本没有反应过来，球直接落进球网。如果是对方的球门，这是多么漂亮的动作，干净利落。现在也是干净利落，但却是利落的乌龙球。

钱巍沮丧地跪在了地上，对方的球员们欢呼雀跃，自己的队员们无奈地走向了各自的位置。钱巍试图改变这个格局，最终还是无力回天，他们以 0：1 输给了对方，那一个球还是自己帮对方踢进去的。

他现在沮丧地坐在角落里,昨天他在操场上坐了很久,队员们简单安慰了他几句,但是大家都很沮丧。等队员们和观众都散去了之后,他大哭了一场。就这么输了,他们的冠军梦就被他一脚断送,他难过极了。

他昨天甚至发誓,以后再也不踢足球了,他不希望这样的事情再发生第二次。今天遇见和自己一起踢球的同学,他都觉得不好意思和人家打招呼,面对失败,他变得沮丧,甚至都影响了他的人际关系。他总觉得自己亏欠大家的,亏欠队员们,也亏欠班上的同学。他不知道如何是好,他颓丧地坐在座位上,痛苦地揪着自己的头发……

给男孩的悄悄话

每个男孩都渴望成功,但由于年龄小、能力有限、经历和经验缺乏以及各种因素的影响,难免会遭受失败和挫折。一次小小的失败,对成人来说是微不足道的,对青春期男孩来说却是一个不小的打击。

在我们的生活中,有许多这样的男孩,他们本来拥有聪明的头脑,以前也曾是全班甚至全校的尖子生,但往往因为一次考试不理想或是老师某一句话对他的打击,就变得消沉起来,学习成绩下降、上课精力不集中,甚至是逃学。

在这种心态的影响下,男孩子就可能变得精神萎靡、消沉慵懒、做事没劲头,完全一副颓废的模样。这种心态如果得不到调整,他的一生就只能是碌碌无为,不敢面对一点困难。

很多时候，给男孩带来最大打击的往往不是失败本身，而是他对失败的理解。等待青春期男孩的将是长长的一生，如果眼前一点暂时的小困难都应付不了，今后又如何经得起大风大浪？与其一蹶不振，不如培养自己乐观的心态，给自己面对困难的勇气。只有有了乐观的心态，才能积极认真地面对生活，才能在遇到困难时也不灰心、不气馁，最后顽强地坚持到底！想正确面对失败，可以尝试以下几种做法：

1.要尽早训练自己正确对待失败。要告诉自己失败在人生的道路上很难避免，让自己在思想上有准备，这样，即使遇到失败也容易承受，将失败的损失降到最低程度。鼓励自己勇于承担风险，如果我们总是躲避风险，就会缺乏自信心，因为躲避风险会使我们无法获得真正成功的感觉。那么就鼓励自己去做以前从未做过的事，在成功中寻找自信。

2.防止消极的态度。有的人在失败后，消极、颓废、自卑、沮丧，从此一蹶不振，失去对生活的希望，或引起不恰当的对抗行为等，这是对待失败的消极态度。应告诉自己防止这种消极态度，以积极态度来对抗消极态度。如果你在某一件事上失败了，不能自我苛责，要自我鼓励，激起自己重新奋起的决心和自信心。

3.告诉自己应该变失败为成功。如果能从失败中吸取教训，砥砺人的意志，使人更成熟、坚强，激励人从逆境中奋起，就能使失败变为成功之母。我们勇敢地面对失败，用失败来做成功的基奠。

4.不必太在乎外界评价。即使失败了，也应该告诉自己，谁都不可能总是在比赛上得第一名，也不可能总是得奖章。就是在没有外界奖赏的情况下，也应坚定地走自己的成功之路。

努力适应新环境

刚刚升入初中,学习环境作息时间等都有了很大的变化,从来没有离开过父母的小江现在得住校了,一周才能回一次家。

刚开始的时候不适应,小江的学习,生活好像一下子都没了秩序,变得混乱不堪。

坐在新的教室里,全部都是新的面孔。学习的科目增加了,每个老师的授课方式也不一样。对于这些变化,小江显得有点慌乱。

原本自己在班里成绩是很优异的,可是和现在班里的同学比起来,自己的成绩是那么不起眼。很多功课都有压力,好像跟不上大家的步伐,又不可能让老师单独辅导。

在学习上,小江开始产生自卑的心理,不懂的问题不好意思问老师和同学,但又不甘心把题目放过去,便只能苦思冥想,浪费了很多时间。

虽然学习环境很不习惯,但是宿舍生活倒是适应得挺快。小江是第一次住校,但是平时在家他也是自己的事情自己做。几个陌生人住在一起,虽然刚开始不习惯,但是很快小江就适应了。打水、买饭、洗衣、叠被都没有什么难的,和宿舍里几个同学也很快就打成一片了。对于自己的生活自理能力和交际能力,小江还是挺自信的。

现在唯一担心的就是自己的学习成绩了。他意识到,总这么下去,自己的成绩很快就会下降的。有一天他终于鼓起勇气,问了老师一个自己思考已久的问题,老师很耐心地给他做了讲解。和同学们讨论问题,同学们也都很友好。他明白了,原来自己以前的自卑都是没有必要的,没有人会因为学习有点吃力而看不起自己。明白了这一点之后,小江的心情一下子放松了。现在学习觉得轻松多了。

现在不论是学习还是生活中有什么问题,小江都会及时与老师、家长沟通,听取他们的意见,与同学们的关系也越来越亲密。小江正在一个新的环境里健康成长。

给男孩的悄悄话

一位教育专家说:"五天的学校教育往往抵不过社会两天的熏染。"学校德育侧重于正面教育,灌输的是真、善、美的东西,而青少年在家庭、社会却耳闻目睹了许多纷繁复杂的社会现象,所以一旦走出校园感受到多姿多彩的社会时,青少年便感到学校老师灌输的思想信念、道德情操显得多么单薄、多么脆弱。

达尔文有一句经典的理论:"适者生存。"适者生存也就是随着社会的发展趋势解决遇到的问题。一个人不能左右社会发展的趋势,社会更不能按照一个人的意愿发展。我们每个人,都不能脱离人群,脱离社会而生活,如果不适应社会的变化,就会被社会所遗弃。只有适应别人,适应社会,我们才能长大,变得成熟。

我们可以改变自己的某些观念和做法,以抵御外来的侵袭。当自己改变后，眼中的世界自然也就跟着改变了。如果你希望看到世界改变，那么第一个必须改变的就是自己。适应需要坚强的意志和顽强的耐心。有时就像婴孩从母体里脱离，要适应到外面的世界生存一样，挣扎是痛苦的，但痛苦后的啼哭又是十分幸福的。

适应是对你智慧技能的一种消耗。所以，在适应中我们还需不断加强知识的积累和体能的锻炼，储备良好的智慧、体能等竞技食粮。

学会适应生活适应社会，是一个深思熟虑的过程。切忌在摸清目标背景的实质前盲目行动。适应的过程，是一道精确的算术题，你的内心必须有2~3个熟练的解题公式，这样你才会立于不败之地。

生活中，青春期男孩可以尝试以下做法去适应种种变化：

1. 加强自我认识能力的培养。青少年要对自己有一个客观的了解，知道自己的优势和不足，有优点不要骄傲，有缺点不必自卑，当遇到困难时才不至于产生心理失衡。

2. 训练良好的自控能力。培养自己的自控能力，学会用友好的方式解决问题，当产生矛盾时，避免出现攻击行为。

3. 提升自我解压能力。青少年由于生活经验不足，承受能力有限，在遇到困难和矛盾的时候可能不会调整和控制自己的情绪，要让自己学会缓解精神压力，懂得宣泄和放松，这样才能保持心理平衡和良好的心态，才能冷静地处理遇到的困难，并保持愉快的心情。

4. 增强有效解决问题的能力。当矛盾和冲突无法回避时，需要学会应对的技巧和方法。青少年此时应该自主寻求解决问题的突破口和方法步骤，学会主动适应环境，从遇到的问题中解脱出来。

为生活减负,让自己轻松

魏一航是个高二的男生。他现在生活得非常不快乐,虽然他每天都制订了严格的学习计划,但是总是因为各种各样的事情而耽误,最后每项计划的完成情况都没有像预期的那么好。于是他为此很沮丧,觉得自己的高中生活被搞得一团糟,他最害怕的是,正在专心地完成自己的学习计划的时候,某个老师又突然拿来一堆资料,迅速地发给他们,要今天晚自习放学之前交。这样他的计划就不得不再改变,而他原来的计划不能完成,对新的任务就有了很大的抵触情绪。

为此他很苦恼,觉得自己的学习就像是在无边无垠的苦海里,还有两年才高考,现在都开始担心自己坚持不到高考就已经心理崩溃了。又是觉得自己处于慌乱中,他没法让自己安静下来,也没有开心的时候。看着别人高高兴兴的上课、写作业,他心里难过极了。

"别人肯定都比我好,比我优秀,他们才能对这些瞬息万变的事务应对自如。"魏一航就这么劝说自己,而这样的劝说更让他难过。他觉得自己注定是个悲剧。

一次测验结束后,他决定改变自己的悲惨生活,他主动找到了班主任王老师,和王老师探讨这个问题。一航很是沮丧,他找到王老师的第一句话就是:"王老师,我觉得自己的生活不如别人幸福!"

王老师被他这突如其来的感慨吓了一跳,笑着问一航:"对你来说,什么是幸福呀?"

一航手指头搅着自己的衣裳角说:"对我自己现在来说,幸福就是能够完成我的学习计划,能够过有条理的生活。"

王老师笑了,原来是个因为学习计划总是不能完成而苦恼的孩子。他接着问一航:"你觉得咱们班,你最羡慕谁?"

一航想了想,说了个名字。王老师就让他去跟那个同学交流,那个同学在一航看来是个非常自由的同学,好像从来不为计划的事情担心。

交流之后,一航才发现,原来那个同学每次都为自己从来不制订计划,最后影响了完成事情的效率而苦恼呢。

大家都有自己的苦恼,那么看看你的优势,你的苦恼是不是就会变少了呢?

给男孩的悄悄话

要想获取生活中的幸福,应使用一种"负的方法"。所谓"负的方法",就是为生活减负,不给自己过多的欲望和压力,简简单单、轻轻松松地获取幸福。这种"负的方法"道出了获取幸福的秘诀。

没有太多压力和欲求的人往往更容易获得幸福。一个人不管在学习还是在日常生活中,只要他不受外力的强迫,内心是自由自在的,然后顺应自己的兴趣和爱好,充分地发展自己的兴趣和爱好,他就能获得幸福。而总是勉强自己要像别人一样,将别人的幸福视为自己努力方向的人，不但会失去自己的幸福，而且还会使自己时刻感觉到痛苦，因为在短时间内自己根本无法达到那个心目中幸福的人的地步。

遵循本性生活

按照资质来看，王坤是个智商一般的孩子，他和其他班上的同学没有什么大差别，但是他总是觉得自己聪明绝顶，还认为世界上没有几个人比他更聪明，他甚至认为自己和爱因斯坦、牛顿能够并驾齐驱，至少自己以后也可以有和他们一样卓越的成就。

怀着这样的幻想，他从小学进入了初中。小学的课程和内容很简单，让王坤自信满满，他以为自己掌握所有的东西都是那么顺利，也迅速地验证了自己是个聪明绝顶的孩子的论断。

但是中学的课程和小学有很大的不同，要求和小学阶段的课程也非常不一样。他感觉自己开始有点吃力了，在考试的时候也不能全部找到那些问题的正确答案，于是他陷入了苦恼之中，他苦恼的原因不是因为自己不会那些题目，而是因为自己的高智商受到了学校的束缚。

他向妈妈提出，自己要休学，要在家里自己学习，他认为学校限制了他的本性，使得他卓越的才能不能发挥出来。

妈妈当然不同意他的要求，于是妈妈来到学校和班主任见面。

老师和家长见面，了解了王坤更多的生活细节之后，决定认真地和王坤谈谈。

其实王坤是个很自卑的孩子，他觉得自己什么都不如别人，于是在外面就狂妄地说自己是个高智商的孩子，来博得大家的关注。他通过学校限制自己的才能发挥为理由，掩饰自己平平的成绩，这样他才会觉得心里平衡些。

老师找到了王坤，给他拿着一棵植物，老师把所有的枝杈都剪掉，问王坤好看不好看。王坤摇头。老师才说，植物本来的样子，其实是最好看的，如果都把它们原来的本性剪掉，它就会很突兀，而且很难看，也不能很好地生长了。王坤若有所思点点头。

他好像是明白了老师的话，慢慢地开始承认自己身上本来的特质，也不像以前那么狂妄自大了，开始变得温和，脸上也有了和别的孩子一样的明亮笑容。

给男孩的悄悄话

冯友兰先生曾说："幸福是相对的，顺自然之性便能获得幸福。"为解释这句话，他曾说了这样一个小故事。

三伏天，禅院的草地枯黄了一大片。"快撒点草籽吧！好难看哪！"小和尚说。

"等天凉了……"师父挥挥手，"随时！"

中秋，师父买了一包草籽，叫小和尚去播种。秋风起，草籽边撒、边飘。

"不好了！好多种子都被吹跑了。"小和尚喊。

"没关系,吹走的多半是空的,撒下去也发不了芽。"师父说,"随性!"

撒完种子,跟着就飞来几只小鸟啄食。"要命了!种子都被鸟吃了!"小和尚急得跳脚。

"没关系!种子多,吃不完!"师父说,"随遇!"

半夜下了一阵骤雨,小和尚一早冲进禅房:"师父!这下真完了!好多种子被雨水冲走了!"

"冲到哪儿,就在哪儿发芽。"师父说,"随缘!"

一个星期过去了,原本光秃秃的地面,居然长出许多青翠的草苗,一些原来没播种的角落,也泛出了绿意。小和尚高兴得直拍手。

师父点头:"随喜!"

这个富有禅意的小故事,告诉我们要一切顺其自然,做任何事情都不勉强自己。随不是随便,是顺其自然,不抱怨、不躁进、不过度、不强求;随不是随便,是把握机缘,不悲观、不刻板、不慌乱、不忘形。

生活中有很多事情具有浓厚的哲学意味。我们在生活中,应当遵循自己的自然本性和自身的习惯,做到凡事顺其自然。当你顺其自然地做某件事的时候,就会有些意外而又有趣的事来临,我们经常会从中获得一些有益的经验。

而如果我们在学习生活中,做事情总是勉强自己,比如勉强自己学习优秀的同学或朋友的学习方法和生活习惯,而忽视自己的方法和养成的习惯,你会发现自己不但活得很累,而且出不了好成绩。我们无论做任何事,都不要勉强自己,否则只会增添自身的痛苦。

每天都给自己一段独处的时间,好好问问自己,到底想过什么样的生活?什么是可有可无的?什么是必须去不懈追求的?这样的追问可以一直延续下去，还可以把每天的想法记录下来，这样你会看到，随着生活阅历的增加，思考的深入，你的回答也不断成熟。只要我们不再一味追求外界的认可，疲惫无奈地生活在他人的注视之下，我们就会真诚生活，成为自己命运的主宰者。

在我们的学习和生活中，只要我们坚持反问自己，是不是做事太过于执着和勉强了，然后以一种顺其自然的生活态度来学习和生活，那么我们将不再疲惫。强扭的瓜是不会甜的，顺自然之性才能获得幸福。

忍耐，是走入社会的通行证

曹正奇同学是高一的学生，今年暑假他和爸妈商量了之后，决定自己在暑假的时候在小区附近的餐馆打工，勤工俭学，他在暑假赚的钱由自己支配。

以前经常来这个餐馆吃饭，但是当服务生还是第一回，正奇有点期待，也有点兴奋。期待的是跟学校不一样的生活，兴奋的是他可以赚自己人生的第一笔钱了。现在还没开工，就已经开始期待发工资了。

开始的几天，正奇热情高涨，每天热情地招待客人，给客人拿菜单，递茶水，忙得不亦乐乎，快乐得像个旋转的陀螺，每天在餐厅里旋转，几天下来，基本熟悉了当服务生的全部工作。计算着每天的薪水，觉得自己虽然每天都比在学校累多了，但是还可以，至少还有钱赚，而且大部分客人对他的服务都很满意，没有刁难过他。

但是今天他一不小心把茶水倒到了一个客人的衣服上。那个中年女人尖叫着站起来了。大声嚷嚷："你怎么回事，没看见烫了我吗？"

正奇连忙道歉，不停地说着对不起，但是那个女人还不依不饶，拿起了一杯热茶就泼到了正奇的脸上，正奇的脸被茶水烫得火辣辣的疼，他从小都是泡在蜜罐子里长大的，哪有受过这样的委屈，他攥着拳头，怒气随时都会爆发，脸都被憋得通红。

老板赶忙过来调节，拉开了正奇。

正奇跟老板说他不干了，老板也没有生气，拉他坐下："正奇，我知道你受委屈了。但是这事忍一下就过去了，社会不是学校，谁让你受委屈，你可以找老师，老师让你受委屈，你可以找校长。到了社会，受了委屈，要学会忍耐呀！要不没法生存。"

正奇答应老板，自己再回家想想，然后再决定要不要继续做服务生。他受了这么大的委屈，要掂量下自己是不是要继续下去，下次遇到这样的情况要怎么办，发怒能不能解决问题，适应社会真的要这样忍耐吗？

给男孩的悄悄话

正奇的困惑也许能在一个小故事中找到答案：

一个研究《塔木德》的犹太学者，刚刚结束他的学习生涯，到艾黎扎拉比那里,请求给他写封推荐信。

"我的孩子,"艾黎扎拉比对他说,"你必须面对严酷的现实。如果你想写作充满知识的书,你就必须像小贩那样,带着坛坛罐罐,挨门挨户地兜售,忍饥挨饿直到40岁。"

"那我到40岁以后会怎么样?"年轻的学者满怀希望地问。

艾黎扎拉比鼓励地笑了:"到了40岁以后,你就会很习惯这一切。"

这一则小故事流行于犹太人之间,他们用这样的故事教育后代苦难是不可避免的。苦难教育对一个人的一生影响深远,很多人总是逃避苦难,不愿意去品尝,但要知道,只有经历苦难,才能从苦难中汲取动力和能量,只有真正懂得苦难的含义,才能品出苦难赋予它的甜。

对于苦难,任何人都会有一种不由自主想要逃避的心理,殊不知,经历了苦难之后的生活才能更甜。

男孩子自小应该有意识地接受艰难困苦的磨炼,学会敢于面对挫折,不怕失败,以培养坚忍不拔的意志和毅力。经过在逆境中千锤百炼成长起来的男孩才能更具生存竞争力。

让自己的心理上经得起挫败,关键就是要能"缩小"自己,不要有唯我独尊的意识,在看问题的时候能够从别人的角度来看,那么就不会轻易被一件小事情打败了。

然而现在的很多家庭,家长不舍得孩子吃苦,他们动辄"宝贝宝贝"地叫着,恨不得为孩子做一切。在这样的教育下,男孩们好吃懒做、娇气任性,还缺乏责任心、感恩心。很多事情男孩们都没有经历,不知道生活还有不如意的一面。男孩会以为很多东西从来都是像天上掉下来的一样容易,不需要费一点心力,这个时候,他怎么有机会、有能力去承担生活中的各种考验呢?

现在的男孩,尤其是一些家境优越的男孩,从来没有认真努力过,总认为一切都不用愁,自有父母安排。这样的男孩就是缺乏了危机的意识,相信当真正的困难来临的时候,他们会被彻底打败。在任何情况之下都保持着高度的警惕,才能更好地掌握自己的命运。

懂得让步是一种修养

刘杰与朱强是同桌,他们两个人很有共同话题,在一块经常讨论问题,商量题目。可是今天两个人看起来都气呼呼的,彼此不理睬。

原来早上的时候,语文课上学习了《鸿门宴》,两人都是"历史迷",想象鸿门宴上剑拔弩张的气势,二人都兴奋不已,下课了,两人还在讨论。

刘杰说:"刘邦真险啊,幸亏知人善任,而项羽优柔寡断,是有勇无谋的莽夫。"朱强道:"怎么能说项羽是莽夫呢?只能说明他大度,有人情味。哪像刘邦这么奸诈狡猾?"

"有人情味?坑杀20万秦兵,残忍地屠杀咸阳城,这样的人你还说他有人情味?你是从哪看出来的?有人情味会输给刘邦?"刘杰一连串地反问道。

朱强不服气了:"项羽骁勇善战,和虞姬的爱情感天动地,比起六亲不认的市井小民刘邦来说，项羽才是真正的英雄。"

"真可笑，一个残暴的武夫竟然被你视为英雄，而真正的枭雄却当作市井流氓，你的眼光还真是异于常人啊！"刘杰讥讽地说。朱强真生气了："就你正常，你眼光多好啊！"

两个人都生气了，脸都涨得红红的，声音越来越高。很多同学都开始往这边看。在争执的过程中，两个人都说了很多难听的话。

本来就是单纯的讨论课文，因为对历史人物的评价不同而引发了一点争执，争执到后来竟然变成了人身攻击。

坐在一块，彼此不说话是很别扭的。其实刘杰特别想和朱强和解，高中生活本来就很压抑，要是和同桌都不说话那就更憋闷了。可是每次想和朱强说话，就会想到同桌在争执中说的话很过分，想到这里便打消了和解的念头。

朱强也在想，明明就是在聊天，各自的观点不同罢了，观点本身没有对错。为什么两个人非得争个高低，要是当时两个人各自退一步，就不会有现在这么尴尬的局面了。

给男孩的悄悄话

生活中，青春期男孩与人发生争执时，要懂得后退一步。所谓"退一步海阔天空"，不无道理。

有争执时，让步是一种修养，让步是一种虚拟的退却。社会中，人与人之间应相互理解、相互尊重，尤其是在与人讨论、交谈时，对于别人的见解，我们不应轻易否定，即使其见解与你相左。如果能够做到理解别人、体贴别人，那么就能少一分盲目。

要善于发现别人见解的正确性，只有这样，才能多角度地看问题，就会发现固守自己的思维定式，有时显得多么的无知和可笑。因此无论何时都要注意，别听到不同的观点就怒不可遏。通过细心观察，你会发觉，也许错误在你这一边，你的观点不一定都与事实相符。人际交往中，让步是一种常用的处理问题的方式，它不是懦弱的表现，而是一种修养。让步其实只是暂时的、虚拟的退却，为进一尺，有时就必须先做出退一寸的忍让。主动让"道"是一种宽容，是在人际交往中有较强的相容度。相容就是宽厚、容忍、心胸宽广、忍耐性强。

曾有一位青年与长辈发生争执，结果不欢而散。后来他说："真希望这件事情从未发生过。假如我稍微有点警觉性，觉察到他对这个话题多么敏感，很可能就会婉转地说：'我们看法不同，那也没什么。'这样就可以避免发生不愉快。"

凡有争论，双方几乎都各有言之成理的论点，因此如果你显然无法令对方改变心意，对方也显然无法说服你，就应该立刻罢手。切记"一言既出，驷马难追"，以免造成无法补救的伤害。

想避免出现僵局，一种有效的办法是说句"我们两人都是对的"，然后再转向比较安全的话题。学会听从不同的意见，控制你的脾气。与人谈话时先听为上，给对方机会，不要急着抗拒、防护或争辩。尽量在交谈中寻找双方的共同点。有错了，就主动承认，并道歉。

不管什么情况，无谓的争执简直就是浪费时间。青春期男孩要注意，在生活中尽量少与人争执。只要能避免徒劳无益的争执，人人都是赢家。

做一个善于倾听者

窦鹏在小组里很少发言,他的笔总是不停地在自己的本子上记录着什么,同学们在争论得不可开交的时候,他总是保持着急速的书写。所以大家都叫他"记录员"。他对这个称号也不抵触,同学们叫他"记录员"的时候,他都应着。

小组讨论结束之后,每个人都要写总结和报告,报告小组讨论的内容,还要在讲台上宣读小组讨论的内容和主要观点,还要面对其他组同学的提问。这是一项艰巨的任务,刚才大家光顾着争论的面红耳赤了,等讨论结束的时候才发现,自己都忘记了别人说的是什么,自己一直在努力推翻别人的论点,而忘记了要记录下不同的观点,并且还要对这些观点进行陈述呢。

很快就要窦鹏的小组发言了,大家你一言我一语地商量谁该出马去讲台上发言,让发言最多的姜同学去?他除了坚持自己的观点以外早忘记了别人说的什么了,更别提让他评论别人的观点了。那别人呢,基本情况都差不多。他们都忘记了别人说了什么。

这个时候,窦鹏小声地说,"那我来吧。"他的声音很小,但是所有的小组成员都像看到了救星。他们点头如捣蒜。

窦鹏拿着那个黑色的笔记本上台去了。其实大家虽然觉得解决了上台出丑的尴尬,但还有点幸灾乐祸,因为他们觉得小组里实力最差的就是不爱说话的窦鹏了。他们不太相信窦鹏能说出什么惊人的观点和论述来。

窦鹏开始陈述小组里讨论到的几个主要观点,并且对每个观点都做了自己的评价,评价都很中肯到位,同学们在台下频频点头。最后窦鹏还总结了自己小组的结论。他没有像别的小组那样,把大家讨论出来的观点罗列在一起,而是找出了那些看似散乱的讨论话题的内在联系,找出了讨论的中心问题。

小组成员们开始对这个沉默的男生刮目相看了,原来多听比多说更能表现自己。

给男孩的悄悄话

知道人为什么长了一张嘴巴却有两只耳朵吗?那是在告诉人们:要多听听别人在说什么。可青春期的男孩常常忽略这一点,习惯了让对方听自己的滔滔言语,而没有学会倾听。每个人都有一种渴望别人尊重或重视自己的愿望,而受到重视的最基本条件是愿意认真地倾听,所以当你自认为是理解朋友的时候,先得问问自己:"我能专心地倾听朋友的话吗?"即使是一些平淡无奇的庸人之语,对说的人来讲,可能也是重要的。

愿意倾听别人,就等于表示自己愿意接纳别人,承认和重视别人。如果你能面带微笑,用一种专注而又迫切的眼光看着他,那会让人感觉你是欣赏他的。在这种氛围里,对方会充分地展现自己。如果你能善于让别人在你面前有一种强烈的表现欲,那你定能主动、积极地做个好朋友,做个好领导。如果一个职员向你这个经理提建议,即使开始还有点紧张,但你的倾听会使他马上感到放松和自信。

倾听是一种无言的信任。

善于倾听的人总是善于理解和沟通的。当一个为成功而喜悦的人面对一个微笑着倾听的朋友时，他会感到这位朋友是理解他的，也是为他而高兴的。当一个因失恋而愁眉苦脸的人面对一个表情凝重而专注倾听的朋友时，他会感到自己的痛苦朋友能理解，虽然朋友没能提出如何重获爱情的好建议，但他已感到自己得到了一点心理依靠。

善于倾听的人肯定是其他人成功或失败时首先寻找的对象，他们有话会对你说，有苦会向你诉，他们毫无顾忌地向你敞开心扉。很多人都认为，要想自己变得优秀，就要主动出击去与别人竞争，在竞争中获胜最能证明自己的能力。其实表现优秀的方法还有一个，那就是学会倾听，这就有点以静制动的意味了。

因为倾听，你能够很好地发现自身可能存在的问题和缺陷，有利于自己的及时改正；因为倾听，对方能够看到你的真诚和细心，也会对你更加信任和友爱。

如果想要更好地表现自己，那就不妨静下心来仔细聆听吧，你一定会有意想不到的收获。

多与优秀的人交朋友

雨轩是个爱上网的孩子，他已经初三了，但是每天还是放学之后先打开电脑上网，爸妈自然担心这样下去是不是会影响考学，影响孩子未来的前途，于是试探性地问他："雨轩，你最近是不是经常上网呀?"

雨轩边吃水果,边跟爸妈在客厅里聊天。"是呀。"他倒是坦然回答。

妈妈首先皱眉头了,"你这样每天花时间在网上,哪有时间复习功课呀?马上就中考了,中考之后择校都是要看成绩的,你不好好学习,以后怎么办呀?"妈妈的唠叨功夫又见长了。对待儿子的学习问题一向重视的妈妈这次看见雨轩还这么淡定地回答自己的问题,真的开始着急了。

爸爸还好些,不那么着急,他问雨轩,"你在网上都干什么呀?"

"认识了好多朋友,我们很聊得来。"

"朋友?网上的人多不可信!"老妈气呼呼地站起来,准备发飙。

"真的是很多朋友,他们人很好的。"雨轩还是不急不慢地说话。

"什么朋友呀,能跟我们简单说说嘛。"为了防止家庭战争的爆发,老爸从中斡旋。

"真的不像你们想象的那样,他们都是一些大学生,我们在申雪和赵宏博的博客里认识的。我们都是喜欢申雪和赵宏博这对世界冠军的。很多大学生跟我聊天,还让我好好准备考试,别在网上耗费太多时间,有个姐姐还给我讲学习方法。我遇见了难题,他们都会帮我解答,比学校的老师讲解得都详细呢!"

"还有么?"妈妈也来了兴趣,刚才的怒火已经熄灭了。

"还有就是他们在自己的生活里都是很优秀的人,有的人给我讲文学方面的事情,有的能帮我解答我关于科学知识方面的疑惑,还有的人在我跟你们闹了矛盾之后,还教育我,要理解父母呢。我跟着他们学会了很多有益的东西,他们都是很优秀的人。"

雨轩的话让爸爸妈妈放心了。结交优秀的人,让孩子受益匪浅。

给男孩的悄悄话

古人说:"近朱者赤,近墨者黑。"如果青少年想成功,那就要少接触平庸之辈,多跟杰出者交往。

多与杰出者、成功者交往,你不仅能在做事、做人方面获得收益,而且在人生的关键路口也会赢取助力。

古人说到立志、立身时无不谈到择友。朋友间的相互影响是无形而巨大的。多与杰出的人交往,不仅对自己心智有益,也会使生活充满乐趣。与杰出者交往也会快速地学到一些方法和经验,快速地成长。而且通过与杰出者的交往,你会快速地结交人脉,这是与一般人交往所得不到的。当然,事情的另一方面是,要与杰出的人在交往中产生精神的共鸣,撞击出心灵的火花,必须有充分的个人修养作为基础,这就要求自身时时修炼、时时完善。

你和什么人在一起,五年以后就会成为什么样的人。要成功必须和成功的人在一起。我们可以参考国际知名演说家博恩·崔西的建议:

不管在你的现实生活或是想象中，你习惯相处的那些人，会对你想成为理想人物的目标有着极大的影响力。

你的目标应该是能够"与鹰共翱翔"。你的目标应该是要和你所知道最好的人为伍。

你要和胜利者在一起，同时要远离那些自暴自弃、没出息的人。由于诸多无法掌控的因素，你身旁约有80％的人都是不甚积极、没有雄心壮志、没有目标、不太成功之辈。他们在生活中并没有很大的成就。他们每天都在浪费时间，牢骚不断，并且一逮到机会就抱怨个没完。假如你和这种人在一起，你就会变得像他们一样。

你一定要谨慎地选择那些你愿意花时间交往的朋友，因为他们对你的思想、人格，以及发生在你身上的任何事情都会有影响。

你的目标就是要成为别人乐意为伍的人。当你变成一个更积极且更有魅力的人物时，你将发现自己会吸引其他积极有吸引力的人与你为友。

与杰出者交往中，青少年应注意以下方面：

1. 应保持谦逊、谨慎，自大、骄傲适得其反。
2. 多向杰出者请教、询问，用他们的智慧和经验来促进自己的成长。
3. 应自尊自爱，不恭维奉承。
4. 多了解杰出者的事迹、成就，顺利交往的可能性才更大。

在很多时候，选择对了一个同行伙伴，自己往往也能走得更远。因此，试着与杰出者为伍，你一定能够收获更多。

设身处地为他人着想

杨博超是高一（2）班的体育委员，他现在正在苦恼。现在是运动会报名的最后一天，体育老师又催他了。别的班报各项比赛都是异常火爆，只有他们班冷冷清清，没人愿意参加运动会。体育老师把他猛批了一顿，说他的动员工作没有做好。他是哑巴吃黄连，有苦说不出。他们班是实验班，也就是全校成绩最好的同学组成的一个班，虽然现在不过是高一，但是大家都拼命挤时间学习，谁都不愿意参加这种浪费时间的活动。他非常理解，但是运动会还是要有人报名，他磨破了嘴皮子，也劝不动大家。

他只好硬着头皮又站到了讲台上，"同学们，大家稍微给我点时间，容我再唠叨两句。咱们班运动会的名额还有好多，请各位踊跃一些吧，否则咱们班就会被取消参加运动会的资格。"他为难地看着大家，大家依然在埋头演算，没有理他，只有很少的几个人抬起头。

"我知道，大家都是为了珍惜学习时间，不浪费宝贵的时光，才没空参加运动会的。但是运动会可以让其他班的同学看到我们班同学的风采嘛，我知道其实有很多同学都是很有实力的。即使我们不参加项目，开运动会的那几天，大家也都要坐在操场看台上，与其看着别的班的同学在那里拼搏，我们都无聊地坐着，还不如咱们也为自己的同学加油好呢。希望大家能够再考虑考虑。"

这个时候,已经报名的一个男生站起来了:"其实博超每天被体育老师批,就因为咱们班不积极。大家就稍微停一下,尊重他一下,为了班里的荣誉,也为了咱们自己锻炼身体,咱们就支持一下他。即使最后咱们班在运动会上拿不到好成绩,至少咱们努力了。"

博超就差眼泪汪汪地感谢他了,大家也被博超和那个同学的话触动了,他们突然发现,讲台上的体育委员,不是在为了显示自己而强迫他们。他也很理解大家抓紧时间学习的心情,他至少看起来也不那么官僚,感动开始班里蔓延。

第二天博超来教室的时候发现了一张张字条,是一个个名字和所报的项目。他感动极了,还有个同学,写了短短的留言:"如果我是你,我可能会跟咱们不争气的同学发火,我会暴躁,甚至强行地写上名字,凑够人数。但是你没有,虽然你是学生干部,你没有那么强迫我们做什么。我就尽我微薄的力量吧!为了2班,加油!"

给男孩的悄悄话

换位思考是人对人的一种心理体验过程。它客观上要求我们将自己的内心世界与对方联系起来,站在对方的立场体验和思考问题,从而与对方在情感上得到沟通,为增进理解奠定基础。

换位思考的实质是对交往对象的切身关怀,深入对方的内心世界。它是一种理解,也是一种关爱。建立在换位思考基础上的相互理解和关爱能够很好地促进彼此间的团结与合作。

立场不同,所处环境不同的人很难了解对方的感受;因此对别人的失意、挫折、伤痛,不宜幸灾乐祸,而应有关怀、了解的心情。

只有理解他人,才能与人为善。如果我们不懂得欣赏他人,就难以接纳和理解他人,更谈不上奉献爱心。青春期男孩在与人相处时应增加了解,增进理解,少点误解,多点谅解,多一点友善,多一份爱心。

人与人要和谐相处,最重要的是学会相互体谅和适应,每个人都从对方的角度去考虑问题。比如为了让别人听清楚你的声音,不妨提高说话的声调,为了不让对方伤到,递给他剪刀的时候可以把把手那一边冲向他,当对方总是脾气暴躁对人苛刻的时候,想一想是不是他最近工作压力太大……

别人之所以和你观点不同,一定有他的原因。找出那个隐藏着的原因,你就拥有了解释他行为或者个性的钥匙。试试看,真诚地使自己置身于别人的处境里:"我要是处在他的情况下会有什么感觉?会有什么反应?"

理解别人,并能够从别人的立场设身处地地去为别人着想,重视不同个体之间的差异,以及不同人眼中看到的不同的世界,这样做的青少年才能真正做到虚怀若谷,避免由于偏颇造成失败。

要想与他人进行团结与合作,也需要自己常"换位思考"。只有彼此之间多了换位后的理解和关爱,才能在彼此的合作中真正地为对方设想,出现问题的时候才能够冷静地可观地兼顾上方,这样的合作才有更高的效率,也才更稳固。

正像俗语所说的那样,"穿别人的鞋,才知道痛在哪里。"尝试着站在对方的立场上关爱对方，了解他人的真实处境，切身地感受他人的喜怒哀乐，这样才有助于自己成为一个真正受欢迎的朋友与合作伙伴。

正确对待他人的批评、忠告

高一（2）的全体同学利用周末的时间，去市里的夕阳红养老院去看望那里的爷爷、奶奶，并帮助那里的工作人员打扫整个养老院的卫生。

全班同学干得热火朝天，不怕苦不怕累，洒水扫地，擦窗户，倒垃圾，忙了一个上午。忙完之后，还给爷爷、奶奶读报和他们聊天，帮他们按摩、梳理头发，大家都很积极认真。可王文却发现人高马大的李琛却从来不动手打扫卫生，看见女生那么吃力地抬着一大筐的垃圾，也不帮帮忙，上午只陪着爷爷在下棋。大家干得那么累，可他却在树荫下乘凉。王文对李琛很有意见，亏他还是班干，怎么能这样呢？

在回来的路上，心直口快的王文再也忍不住了对李琛说："作为一名班干，你今天的表现太让我失望了，在大家那么辛苦劳动的时候，你却拈轻怕重不参加劳动。你说说你今天都干什么啦？看见女生那么辛苦，也不前去帮帮忙，你好意思吗？我都替你脸红。"李琛认真地听着，并没有反驳，当王文数落完后，李琛只是轻声地说道:"好的,下次我一定会注意的。"

在一旁的班长吴健听到了他俩的谈话,忙跟王文说:"你还不知道吧!昨天傍晚我和李琛几个在打球的时候,李琛不小心摔着了手,我劝他今天不要去养老院了,在家好好休息,可他还是坚持来了,陪爷爷下棋,陪奶奶聊天,给他们带来了很多的欢乐啊!"王文听后,低下了头,不好意思地说道:"对不起,我不知道情况,就说你的不是了,希望你能原谅我。"李琛笑着说道:"没什么,不要放在心上,今天我也做得不够好。"

王文和李琛会意地笑了笑,高兴地回学校了。

给男孩的悄悄话

忠言逆耳利于行。对于别人的意见,心胸狭隘的人可能会把它看成是包袱,而心胸宽广的人则把它看作是提高和充实自己的机会。

对于批评,我们还应有一份冷静、一份坦然,不必因为其猛烈、苛刻而终日忧虑不堪。

生活中,青春期男孩面对批评时,可以按下面的原则去处理:

1. 不要跟一个感情冲动的批评者争论,不要去指责对方言语中的失误或失实。因为有时对方前来,只不过是要发泄一下不满情绪——他想提出的要求分明无法做到,也不是你个人的过失,此时你若与之相争,则会使问题变得更糟。

2. 尽量使来者坐下面谈,这样可以大大缓和紧张空气。给对方沏杯茶会更加减少其单纯的不满情绪,也使自己免受刺激。

3. 别表现出强烈的厌烦,更不要愤然拒绝批评而离去,这会显得你没有肚量，即使是"过分"的指责，你也应耐着性子听。

4. 无论如何别打断对方的讲话，相反要鼓励对方把话说完，这可以更有效地使对方变得平静，而你也可以心平气和。

5. 绝不要在未听完对方的指责之前就表态，但面对情绪激动的来者一再表示道歉，常可使对方反而语塞。

6. 换一句话把对方的意见说出来，表示你不仅认真听了他的指责，而且态度诚恳。如此则不论你是否准备接受对方的批评，都会使之感到满意。

找到浮躁的根源

最近乐安心浮气躁，做什么都毛毛躁躁，总是安定不下来。本来现在学习压力就大，现在他被自己的状态弄得一团糟。他也不知道最近自己是怎么回事。做什么都是三分钟的热情，好多事情都半途而废。不光是学习方面，以前一直坚持的游泳，现在也坚持不下去了。每周去孤儿院做志愿者的事情也被一些琐碎的小事耽误下来。

语文老师每周是要查周记的。看了乐安的周记，语文老师崔老师给他的评语里也写了："最近在周记里表现出了浮躁的情绪，望能克服，迅速回归到正常的状态。"

乐安实在不知道怎么才能回到正常的状态，于是在一个语文自习的时候，把老师请到了外面，跟老师讨论自己的浮躁状态。

他先向老师汇报了自己的基本情况，就是考试在即，他担心自己能不能进步，上次考试就不理想的他现在是求胜心切，还有就是爸妈在跟他讨论让他毕业出国的事情，让他的心里很是烦乱。

语文老师大致了解了乐安现在的状况之后说："那么考试在即，你对复习有计划吗？"

乐安摇摇头，他说："我就觉得时间不够用，看会语文，又觉得数学没复习呢，赶紧又去做数学题，等做数学题没几道的时候，又想起来物理作业要交，又甩下数学题去做物理作业，一会又想起来什么，又打断了学习去做别的什么工作。整个人就跟没头苍蝇一样乱转。每天都觉得很疲惫，但是却没有收获。"

老师点点头，表示理解他的境况。他迫切地希望老师能够给他一个明确的解决方法，哀求老师给他提建议。

老师笑着说："这很简单，你把你现在的目标写出来，然后制订一个达到目标的步骤和计划。别这么眉毛胡子一把抓了。再这么浮躁下去，你会更焦急。"

从定下心复习一个科目开始，乐安开始了他的学习之路，改掉自己浮躁的毛病，然后开始认真的，让心沉淀下来，投入到学习中去。

给男孩的悄悄话

浮躁心理是当前一些男孩子的通病之一，表现为行动盲目，缺乏思考和计划，做事心神不定，缺乏恒心和毅力，见异思迁，急于求成，不能脚踏实地。

生活中有些男孩子,他们看到一部小说在社会上引起强烈反响,就想学习文学创作;看到电脑专业在科研中应用广泛,就想学习电脑技术;看到外语在对外交往中起重要作用,又想学习外语;想当歌星,又想当企业家、老板,今天学电脑,明天学绘画……由于他们对学习的长期性、艰巨性缺乏应有的认识和思想准备,只想"速成",一旦遇到困难,便失去信心,打退堂鼓,最后哪一种技能也没学成。

浮躁的人自我控制力差,容易发火,不但影响学习和事业,还影响人际关系和身心健康,其害处可谓大矣。

轻浮、急躁,对什么事都深入不下去,只知其一,不究其二,往往会给工作、事业带来损失。不浮躁是要踏实、谦虚,戒躁是要求我们遇事沉着、冷静,多分析多思考,然后再行动,不要这山看着那山高,干什么都干不稳,最后毫无所获。

青春期要想真正地有所作为,浮躁不可不戒。戒除浮躁有以下几个秘诀:

1.学着知足常乐。比上不足,比下有余,从中获得自足、宁静。

2.自我暗示。自我暗示是控制情绪的一个简捷而实用的好方法。例如你可这样暗示自己:无论面对怎样的处境,总会有一种最好的选择,我要用理智来控制自己,绝不让情绪来主导我的行动。只要我善于控制自己的情绪,我就是一个战无不胜、快乐的人。

3.开拓当中要有务实精神,要实事求是,不自以为是,踏踏实实,做好每一件事情。

4.遇事要善于思考。考虑问题应从现实出发,不能跟着感觉走,命运应掌握在自己手里。道路就在脚下,切实做一个实在的人。

5. 多读一些书,找到自己浮躁的根源,让内心趋于平静。

锻炼当众发言的能力

邵宁站在领奖台上,手里握着金灿灿的奖杯,从容自信地在领奖台上说着他的获奖感言。从台下看上去,他是那么自信。

邵宁以前是个高大而又生性腼腆的大男孩,声若蚊蝇,说不了几句话就面红耳赤的,更别提在公共场合讲话了。

邵宁不爱说话,更害怕在人多的地方讲话。这给他的人际交往带来了很大的困难。周围的人都误以为他为人冷漠,不好接触。其实邵宁很渴望与人交流,只是不知道该怎么表达自己。

邵宁总担心自己说错话,不敢在课堂上表达自己的看法,不敢参加班级竞选,更别说什么演讲比赛或辩论赛了。但是他觉得很压抑,想要找到自己的声音。在一次被同学讥笑"不像男子汉之后",邵宁决心改变自己。

他把自己的想法告诉了爸爸妈妈,他们很支持。首先从说话开始,爸爸妈妈教他要声音洪亮地讲话,吐字清晰。多看书,从书中汲取营养,注意词汇的积累,学会正确地组织语言。尽量多和周围的人说话、交流。刚开始大声说话的时候,邵宁总觉得很夸张,总是脸红。慢慢习惯了,可以自然地放大声音说话了,和同学们在一起能很好地沟通交流了。

这些都是私底下的交流，下一步就是训练在公众面前发言了。邵宁刻意上课多回答老师的问题，阐述自己的见解，最初总是磕磕巴巴，说话不连贯，紧张到说话忘词。

爸爸分析说："你要是对老师的问题做了充分的准备，阐述的时候就不会语句不连贯，当然这和你情绪紧张也有关系。"邵宁在爸爸妈妈的帮助下不断地发现问题解决问题。很快他就能大方地在课堂上阐述观点了，有的时候还和老师同学们辩论。

在老师同学的共同推荐下，邵宁代表班级参加了学校的演讲比赛。在比赛前，他查阅了大量的资料，不停地修改自己的演讲稿，最后不负众望地取得了好成绩。

邵宁经历了从不敢开口，到敢大声说话、爱说话的转变。现在的邵宁还经常从书中搜集一些演讲辩论的素材，不断地整理积累。在这个长期的过程中，邵宁逐渐形成了自己的语言风格——犀利幽默。"邵氏语言"深受同学们的喜爱。

给男孩的悄悄话

古人说"一言可以兴邦""三寸之舌，强于百万雄兵；一人之辩，重于九鼎之宝"。有位政界要人曾说过，个性和口才的能力比起外语知识和哈佛大学的文凭更为重要。的确，口才很重要。但有的青少年也许会说："我先天不足怕开口，见生人就脸红，没口才。"没有人是天生的口才家，许多擅长说话的人，最初大都是笨嘴拙舌的人。

先天不足后天补,完全是做得到的。青春期的男孩们要想在公众面前成功地发言,具体可参考如下建议:

1. 要有充分的准备

如果你在讲话时对所要讲的内容没有认真考虑过,你肯定会感到无话可说,即使说起来也不会流畅自如。因此,必须在讲话之前有充分的准备,或者写成提纲,或者默诵、试讲。你对讲话的内容愈熟悉,你就愈能讲得好,愈不会信口开河、无的放矢。另外,要了解听众的职业、文化层次等。

2. 勇于勤讲多练

善于言辞的才能并不是天生的,而是在环境的影响下,通过个人的实际锻炼逐步发展的。因此,我们要克服害羞胆怯的心理,在生人面前或人多的场合,要争取讲话的机会,勇敢地发表自己的意见。虽然开始时不一定会成功,甚至会遭到别人笑话,但不要介意,要认真分析自己讲话失败的原因,勤讲多练,不断改进,这样才能不断提高自己说话的水平。

3. 从书中获取值得借鉴的知识

为了这种目的而读书时,最好多注意文体及文字的使用方法。同时边看边想,琢磨该怎么做才会表现得更好,如果自己也写同样题材的发言稿,有什么地方会不如它?

4. 培养自己独特的风格

无论或长或短,或庄重或轻松的发言,都应该拥有自己的风格,这点很重要。

尽管说话前的准备工作十分重要,但是在无法预做准备的情况下，应在说完话之后，再想想是否有更好的表达方式。做到这一点，也能使你的口才有所进步！

5. 正确地使用语言，清晰地发音

你应该注意过我们喜欢的演员是怎样说话的吧？只要仔细观察便不难发现，所谓的好演员，都很重视清晰的发音与正确的措辞。语言的目的，在于传达概念。如果采用无法传达概念的说法，或引不起别人兴趣的说话方式，将是最愚蠢不过的事。

你可以请朋友或同学帮忙，每天大声地朗诵书本，并请他注意听。只要换气的方式、强调的方法、朗读速度等一有不适当之处，就请别人叫停，并且为你改正。朗诵时嘴巴要张大，一个字一个字地清楚发音。要是速度太快，或有不认识的字，就马上停止。即使单独练习时，也要用自己的耳朵仔细听，遇到较难发音的字时，就多加练习。

6. 勇于挑战，坚持不懈

青少年在练习时，应有持之以恒、勇于挑战的精神。

男孩们，一切的成功都与勇气与勤奋分不开。只要肯按照上面说的几种方法去努力，大家一定也能如同故事中的邵宁一样，敢于在公众面前发言，甚至站到高高的领奖台上。

说话要注意对象

小硕和宋阳在同一个班级读小学六年级，两个人是好朋友，经常在一块写作业，下跳棋。由于两个孩子经常在一起，双方的家长也都很熟了。

今天,小硕的妈妈接到宋阳妈妈的电话,说小硕总是笑话宋阳,说他长得胖,还长青春痘。现在宋阳一照镜子就唉声叹气的,也不愿意出门。

小硕妈妈觉得很奇怪,小硕心地善良,在学校也很团结同学,怎么会笑话好朋友呢?妈妈要等小硕放学回家后,好好问问。

"小硕,宋阳最近怎么没来家里玩啊。"小硕一进门妈妈就问道。小硕说:"宋阳这几天心情不好,放学后就一个人走,也不理我,等明天我问问是不是出什么事情了。"

"那你有没有说过宋阳很胖,长青春痘之类的话啊?"妈妈小心地问。小硕着急地说:"没有啊,宋阳是很胖,也长了很多痘痘,可是我从来没有说过他。"妈妈放下心来:"那就奇怪了,宋阳怎么会误会你笑话他呢?"

"啊,不会是我说自己胖了,也开始长痘了,他误会是说他吧?"小硕大喊道。

原来是这样的,周三下午放学的时候,小硕和宋阳走在一起。小硕向好朋友抱怨说自己最近长胖了很多,连肚子都鼓起来了,还抱怨脸上长讨厌的青春痘。

"我现在又胖又丑,怎么办,好烦啊!"小硕叽叽咕咕一路,平时爱说的宋阳却没怎么说话。宋阳是班里公认的小胖子,最近脸上长了很多红色的青春痘。

"你怎么可以在宋阳面前抱怨自己长得胖,还有青春痘呢?

这样宋阳心里会很不舒服，觉得你是在嘲笑他。"妈妈明白问题出在哪了，"本来，宋阳就因为自己胖而挺自卑的，现在误会连好朋友都笑话他，更自卑了。以后说话要分对象。"

小硕觉得很惭愧，他没有想到，因为自己说话不得体而给好朋友带来了这么大的伤害，明天上学的时候一定要跟宋阳好好解释。

给男孩的悄悄话

俗话说："到什么山唱什么歌，见什么人说什么话。"青少年在说话时，一定要看清对象。说话不看对象，往往会给他人留下坏印象，甚至伤害他人。

我们说话的对象是社会上的各种人，他们年龄、性别、性格、脾气等各不相同，他们各有不同的思想认识。各人所处的地位不同，对同一事物的理解是有差异的，说话的分寸也就要根据各种人的地位、身份、文化程度、语言习惯来做不同的处理。例如在日常生活中，对同辈人与对长辈（或上级）、对陌生人与对知己、对不同性别的人说话都应讲究分寸，考虑到听者的接受程度。

具体而言，青春期男孩开口说话前应该注意以下几点：

1. **注意对方的身份**

说话一定要注意对方的身份，对老师要尊敬，对同学要有礼貌，否则的话，会造成很多不必要的麻烦。

2. **注意对方的特点**

鬼谷子曾说，和聪明的人说话，须凭见闻广博；与见闻广博的人说话，须凭辨析能力；与地位高的人说话，态度要轩昂；与有钱的人说话，言辞要豪爽；与穷人说话，要动之以利；与地位低的人说话，要谦逊有礼；与勇敢的人说话不要怯懦；与愚笨的人说话，可以锋芒毕露。

3. 注意年龄

青少年、中年人、老年人经历不同，志趣各异，心态不同。我们与人谈话时，应考虑哪些该谈，哪些不该谈。比如，在老年人面前不宜多提不吉利的话。打听人家的年龄，对老年人不宜说："您几岁了！"最好说："你今年高寿？"或"您今年高龄？"对小孩应说："你今年几岁了？"对与自己年龄相近的异性，特别是未婚的男女，不宜直接问"你今年多大年纪了？"以免引起某些不必要的猜测。射箭要看靶子，弹琴要看听琴人，若说话不看年龄，就难免事与愿违。

4. 注意环境

说话时应看清当时的环境和具体场合使自己的话显得十分得体，而且语言要幽默，又鼓舞人心。

5. 注意文化程度

一个人的文化教养与理解话语的能力密切相关。这就要求说话时要善于根据对方的知识水平而选用合适的话语表达。如果不看对象，随意用词，就不能取得预期的交流效果。

一般来说，对于文化程度低的人所采用的方法应简单明确，多使用一些具体的数字和例子、大白话、家常口语；对于文化程度高的人，则可以多用较典雅的语言，或采取抽象的说理方法。

6. 注意他人的心境

同一个人,心境不同对言语反应也不相同。情绪好的时候,别人即使对他说些不中听、不得体的话,他听了就听了,表现出随和性;情绪不好或心烦时,自己不愿意多说话,更不爱听别人唠唠叨叨,听到一句不顺心的话就会起急,甚至莫名其妙地对人发火。

享受不断超越的过程

张一凡无疑是这所中学的名人,这里所有的学生和老师都听说过他,都知道高二(9)班有个很傲的男生叫张一凡。一凡在这个学校里一点都不平凡,高一的孩子们刚进这个学校的时候都会听到从高年级的学生那里流传来的关于张一凡的传奇故事。

如果你在学校里遇见张一凡,肯定不会觉得他像你想象的那样璀璨夺目,他只是个平凡的孩子,如同他的名字。他是个体育生,是靠着体育特招来到这所重点高中的。刚来的时候,班上的很多同学都觉得体育生都是每天去操场跑步,学习成绩很差,上课就睡觉的孩子。但是张一凡的到来,改变了很多人的想法。

他是练长跑的,看着他跑步会觉得他就像是永动机,永远不会累。每次学校运动会的时候,都能看见他奔跑的身影,对别人来说比要命都艰难的万米长跑,对他来说,就是一场秀。

跑得快,不足以让一个体育生在这个以学习成绩闻名的重点高中里成为传奇。张一凡的惊人之处在于,他的学习成绩也能在年级两千多人里遥遥领先，让其他同学望尘莫及。

　　他最富传奇色彩的故事是高二时参加一个锦标赛获得金牌，他同时也获得了来自清华大学的橄榄枝，清华可以破格录取他，他可以从高二年级直接去清华。清华是无数中学生的梦想，但他拒绝了。他依然在这个中学里，每天去训练，每天上课，跟大家一样考试，有时候会出去几天参加各项比赛。生活依旧在继续，他还在迎接他的每个挑战。享受每天的进步，或者是体育训练上有些小的突破，或者是又看了些什么样的书，或者是认识了几个新朋友，都能让他开怀。

　　张一凡说，我是个平凡的男生，我不要一步登天的感觉，那样会让我飘飘然，我会一步一步跑过来，并且享受每一次挑战。就像是一场场赛跑，我会在每一场挑战里都全情投入，享受这个过程。

给男孩的悄悄话

　　张一凡的选择，让人敬佩。他可以选择唾手可得的名校，但是他更着迷的是超越的过程。人生就是一个不断超越的过程，成功的动力源于拥有一个不断超越的进取目标。

　　一个人在现代社会中生存，知识面越广，得到的信息就越多，人生的视野就越加开阔。一个鼠目寸光的人，很难有所作为。超越不了自己，就谈不上超越别人。这不但不利于自己事业的发展，也很难在竞争激烈的社会上立足，最终只能为时代大潮所抛弃。

追求超越自我的人，每一分每一秒都活得很踏实，他们尽其所能享受、关怀、做事并付出。除了工作和赚钱以外，他们的人生还有其他意义。若非如此，即使居高位，生活富裕也会感到空虚、乏味，不知生活的乐趣究竟在哪里。

人生战场上的真正赢家目标远大而明确，他们追寻生命的真谛和超越自我。他们能够把生活的各个层面融合为一体。为了享受生活的乐趣，他们不仅剖析自我，而且从大处着眼，展望生命的全貌。

进取心始于一份渴望。当你渴望实现梦想时，进取心便油然而生。当你坚信能改善自己的生活状况时，进取心便能滋长茁壮。渴望是原动力，当你想要一样东西、想要做成一件事时，你心中便有一分力量，推动你去获得、去进取、去追求。

进取心是内心的驱动力量，是经由想象而产生的意念。我们可以利用进取心推动我们向目标迈进。有进取心的人会勇往直前，越挫越勇，为实现梦想而努力。

第七章

给未来男子汉的你

男子汉拒绝邋遢

自从升入高中在学校住宿之后,张坤就一直觉得很苦恼。原因是他们六个人住一间宿舍,其中一个叫李明的同学特别不讲卫生,整个宿舍都是他"制造"出来的臭烘烘的味道,不到睡觉的时候张坤都不想回去。

张坤的妈妈是医院护士,很早就注意培养他良好的卫生习惯。在家里,自己的东西都分门别类地放好。不论到哪里张坤都穿戴齐整,他觉得干净整齐是待人的基本礼貌。

可是没有想到,上高中后遇到这么一位邋遢室友。自己的被褥不叠,衣服穿脏了也不洗,一个学期都没见他洗过衣服。最令人不能忍受的是,身为篮球队长的李明能几周不洗澡,换下的球衣散发着馊味,就这么随便地扔在别人的床上。李明的这些行为已经超出了张坤忍耐脏乱能力的底线。再一次看到扔在自己床上的脏袜子后,张坤爆发了。

"你换下的袜子就不能马上洗了吗?就算不洗也别到处乱扔,你不觉得脏,大家可都受不了!"张坤生气地喊道。李明也不服气:"至于吗,不就是在你床上放一下吗?你要是不乐意放地上好了。""你吃过饭,饭盒都不刷就继续泡面,睡前不洗脚,不刷牙，脏衣服随便丢，把宿舍搞得又脏又乱！就因为你，我们宿舍没得过一次流动红旗！"张坤把对李明的不满一股脑倒出来。"我乐意，管得着吗你？"李明生气地摔门走了。

张坤也很生气，他不明白自己的室友怎么会这么不讲卫生，他难道不知道自己的不讲卫生不仅给别人带来麻烦，同时也不利于自己的健康吗？张坤反思了一下，觉得自己的态度也不对。他决定想办法帮助李明。

首先，张坤联合宿舍里其他四个人，到图书馆查资料，他还专门咨询了妈妈，收集了大量关于不讲卫生的害处的材料，把这些材料整理好打印出来。然后利用李明在操场打球的时间把李明乱扔的衣服，书籍都收拾整理好，甚至把李明换下的球衣给洗了。

等李明回来后，看到自己整齐的被褥、干净的衣服，既感动又尴尬。

"我们大家是一个集体，以后有什么需要帮助的我们可以帮你。""如果收拾干净整齐了，大家在这样的环境里生活不是更舒心吗？""而且卫生习惯不好对身体是很有害的，你看这是我们为你找的材料。"大家七嘴八舌地说道。李明涨红了脸，不好意思地说："对不起，这些我都能做。谢谢大家了，以后看我的行动吧！"

给男孩的悄悄话

生活不卫生，不仅容易引发生多种疾病，人们还会通过这些不卫生的小举动认识到你的修养和素质,从而对你产生不良印象。

生活卫生的范围极为广泛,包括衣、食、住、行和身体各部位的卫生,青春期男孩在生活中应严格按照卫生的要求去做。

养成讲卫生的习惯,应注意以下几个方面:

1. 坚持每天早晚洗脸,洗去附在面部的污垢、汗渍等不洁之物,洗脸时,应注意清洗耳朵和脖子。夏季要及时擦去脸上的汗,不要让其淌在脸上,擦汗时要用纸巾或手帕,不可用衣袖代之。

2. 要做到勤洗澡、勤换内衣,身上不留异味。男孩胡须要剃净,鼻毛要剪短;在人面前不应有揪胡须、拔鼻毛、挖鼻孔、掏耳朵等动作。

3. 保持口腔清洁。首先要坚持每日早晚刷牙,清除口腔细菌、饭渣,防止牙石沉积。刷牙时间不宜太短,至少应在3分钟以上。另外,不吸烟,不喝浓茶,以防牙齿变黑变黄。如有口臭,应及早医治。如果知道自己要乘飞机、火车或要与人近距离交谈,最好不要吃葱蒜等有强烈刺激性气味的食物,以免影响到别人。

4. 不可当众剔牙;餐后要剔牙,应用手或餐巾纸掩盖;进餐时,应闭嘴咀嚼,不能发出咀嚼的声音;与人交谈时,口角不应有白沫,更不能口水四溅;与人交往前不要过量饮酒,酒气熏人会引起他人反感;不能在人前嚼口香糖,特别是与人一边说话、一边嚼口香糖就更不礼貌了。

5. 打喷嚏、擤鼻涕、咳嗽、打哈欠时,不要直直地朝着别人的脸。必要的时候,要赶紧把头歪向一边。突然要打喷嚏了,赶快掏出纸巾或手帕把鼻子盖住,同时尽量地压小声音。咳嗽时也是如此,来不及拿纸巾或手帕,也得用手赶快遮住嘴。

6. 应该随时清洗自己的手,要注意修剪指甲。大小便后一定要洗手。在任何公众场合都不应修剪指甲,也不能摆弄手指,这些都是失礼的行为。手弄脏了要及时洗净,不能用脏手将食物往嘴里送。

7. 少抠鼻。抠鼻时容易毁坏鼻毛,把鼻黏膜抠破,引起鼻出血。另外,鼻黏膜经常受到手指的刺激,容易变薄,发生萎缩现象,使我们闻不到气味。如果手指上或手指甲缝的细菌进入鼻孔里,还容易引起慢性鼻炎、生疖长疮,使鼻孔有阻塞感,不通气,流鼻涕,鼻孔发红,鼻梁肿胀,长期不愈,甚至发生全身不适,严重时细菌能通过面部血管进入大脑里引发炎症。

8. 少挖耳。常用发卡、火柴挖耳朵,容易把外耳道的皮肤划伤,引起外耳道出血。若是感染细菌,往往引起外耳道炎和外耳道疖肿,耳道不断向外流脓或流水。如果挖耳朵时不小心把耳膜捅破,使细菌进入鼓室,就会引起中耳炎,不仅耳朵长期流脓,还有造成耳聋的危险。

9. 少揉眼。眼睛是一个很精密的器官,血管非常丰富,用手一揉,由于刺激作用,结膜上的血管变粗,眼睛就发红了。另外,手一天到晚什么都摸,上面往往沾着很多细菌,如果把这些脏东西揉进眼睛里去,就容易引起急性结膜炎和沙眼,造成眼发红,看不清东西,甚至睫毛脱落,眼边发烂。

10. 不贪坐。吃饭后就坐在沙发上看书、看电视,不再动一动,长期下去就会使脂肪堆积在臀部、腹部,造成腹部突出,臀部下垂,体态变得臃肿难看。

11. 少架腿。"二郎腿"会压迫腿部的血管,使血液回流不畅通,造成小腿疲劳、发麻。架腿破坏躯干的竖直,长期会造成脊椎弯曲。

12. 少咬物。啃指甲、咬笔杆、咬下唇、啃开啤酒瓶盖等,这种习惯不仅不卫生,而且还容易使口腔上颌的门牙突出,影响牙齿的整齐和美观,甚至造成危险。咬物时张口呼吸,会使口腔上颌变得又高又窄,有损容貌。

要壮不要胖

许飞从小就是个小胖墩，街坊的叔叔阿姨见到他，都喜欢捏他的脸蛋。长大后，许飞的体重只增不减。许飞的妈妈为此非常头疼，她想让许飞减肥，但又不知道该用什么方法，节食的话，许飞正是长身体的时候，缺乏营养对他发育不利。

运动减肥倒是个好办法，可是许飞太胖了，他稍微动一动就会满头大汗。许飞最不喜欢运动，妈妈怎么说都没有用。

就在妈妈头疼之际，许飞竟然自己主动要求减肥。原来许飞今天去体检，他一上秤，医生就皱起了眉头，拍着他的头说："小胖子，你可得减肥了，这样下去，你长大连路都走不动。"

而当班上另一名男同学体检的时候，医生就夸他身材好，同班的女同学都投去了羡慕的眼神。

许飞看到那名男生穿的淡颜色的牛仔裤、白色的T恤，看起来是很帅。他体检完就去商店，也想照着那位男同学那样给自己买一身，可是他试了很多衣服，都是穿不进去，服务员告诉他，这里没有他的尺码。

许飞下定决心减肥，就是想和那名男同学一样，也被人关注。他每天不吃饭不喝水，就吃点黄瓜和西红柿。不过三四天，人就饿得昏昏沉沉。

妈妈强行把他拉到饭桌上，告诉他："减肥是好事，可是也不能盲目减肥,只有健康的减肥,才能减出好身材。"

许飞下定决心,一定要健康减肥,减出既健康又匀称的好身材。

给男孩的悄悄话

现在社会的审美观偏于"瘦",这有一定道理的,和胖相比适当偏瘦一点,对健康更有好处。由此,也给那些偏胖的男孩带来了心理压力,他们会产生自卑的心理。

青春期正是长身体的时候,父母会给孩子提供非常丰富的营养,由于各种原因,现在肥胖的男孩越来越多。从健康的角度考虑,减肥是很有必要的。专家建议,青春期的男孩学习的压力大,身体成长需要的营养更多,所以不能盲目地靠节食减肥,那样会影响男孩的学习和成长。那么处于青春期的男孩该怎么样减肥既有效又健康呢?

1. 合理膳食。很多男孩的饮食习惯不很好,他们饮食没有规律,吃饭的时间吃不下,不是吃饭的时间又喜欢吃高能量和油炸的食品,如此暴饮暴食高能量高热量的食物很容易发胖的。食物摄取时达到营养的平衡也很重要,医生根据临床经验告诉大家,有些孩子看着很胖,但是却营养不足。他们摄取的营养过于不均衡,导致身体缺乏某些营养,由此造成胖且不健康。所以要多吃水果、蔬菜,不要一味地吃肉食。值得注意的是,不在睡前吃东西也有助于控制体重。

2. 按时休息,心情舒畅。生活具有规律性,有助男孩们控制体重。一般处于青春期的孩子需要的睡眠时间为8个小时,所以在早睡早起的前提下,保证睡眠的时间,即不要太长也不要太短。

3.适量运动。适量的运动对每个年龄阶段的人来说都是非常有必要的,它不但有助于控制体重,还可以提高身体素质,解决很多身体上的问题。但是对于青春期的男孩来说,运动更是不可少的。适量的运动,有助于长个子,有助于排解学习的压力,也有助于减肥。不过如果想通过运动减肥的话,长期的坚持是不可少的。对于青春期的男孩来说,可以选择在学校里方便操作的运动,比如跑步、体操、打球、单杠等。

其实无论胖或瘦,只要不过度,身体健康就行,不能一味地追求骨感。因为减肥主要是为了健康,不是单纯的视觉上好看与否。

锤炼一双勤劳的手

"教官要求我们被子叠得像豆腐块一样,我不会叠,教官当着同学们的面批评我了,我还有一大堆脏衣服,怎么办?"大国在电话里哽咽地说道。

妈妈在电话这头干着急:脏衣服可以拿回来洗干净,可是被子怎么办,总不能天天去学校给宝贝儿子叠吧?真不知道送儿子读寄宿学校是对还是错。

从小大国的衣食住行全部由家人打理,这些琐碎事情他哪会干呢?现在妈妈有点后悔没有让大国养成自己的事情自己干的习惯,这不,刚开始军训就遇到麻烦了。

大国家三代单传,全家人对这个独苗爱如珍宝。爷爷奶奶更是溺爱到不行,吃饭热点怕烫着,天气冷点怕冻着,就连多走几步路都怕累坏了宝贝孙子。大国心安理得地享受着各种优待。

说大国过着"小皇帝"般的生活,真是毫不夸张。"衣来伸手,饭来张口"是大国生活的真实写照。在住校之前,大国连牙膏都没有自己挤过,更别说整理床铺,收拾屋子了。

来到学校之后,没想到宿舍卫生要自己打扫,被褥需要自己叠,衣服需要自己洗,还要自己排队打饭……

从来不知道需要自己做的事情有那么多。大国觉得懵了,一下子适应不了这种变化。

挨批评后,大国一直闷闷不乐。看着周围的同学熟练地整理着床铺,大国就觉得很惭愧。同时他也很好奇:为什么大家都会呢?

寝室长看着大国手足无措的样子,知道大国在家肯定养尊处优惯了,就走过去友好的对大国说:"没事,我教你,很简单的,习惯就好了。"大国很感激。

在室长的帮助下,大国终于把自己的被子叠得整整齐齐,"没有想象中那么困难。"大国不好意思地对室长说道。虽然这和教官要求的"豆腐块"还有距离,但是他心里美滋滋的:自己已经完成了这么"艰巨"的工程,其他还有什么可怕的呢?

大国暗下决心:这只是一个开始,自己要努力适应环境,自己的事情自己干。

给男孩的悄悄话

像大国这样"衣来伸手,饭来张口"的男孩在生活中并不鲜见。著名哲学家罗素指出:"真正的幸福绝不会光顾那些精神麻木、四体不勤的人们,幸福只在辛勤的劳动和晶莹的汗水中。"勤劳,是中华民族引以为荣的传统美德。而如今,"贪图安逸"成为一些青春期男孩生活的主题。殊不知,将来危害的还是自己。

对于任何人而言,懒惰都是一种堕落的、具有毁灭性的东西。懒惰、懈怠从来没有在世界历史上留下好名声,也永远不会留下好名声。懒惰是一种精神腐蚀剂,因为懒惰,人们不愿意爬过一个小山岗;因为懒惰,人们不愿意去战胜那些完全可以战胜的困难。

因此那些生性懒惰的人不可能在社会生活中成为一个成功者,他们永远是失败者。成功只会光顾那些辛勤劳动的人们。懒惰是一种恶劣而卑鄙的精神重负,人们一旦背上了懒惰这个包袱,就只会整天怨天尤人、精神沮丧、无所事事,这种人将成为对社会的无用之人。

许多青春期男孩在安逸的生活中忽略了懒惰的可怕性而变得愚昧无知,他们只会从享受中体味生活,却不懂得如何去营造生活、去创造生活。

勤劳和成功是相辅相成的,有很多人因为勤劳而成功,但却很少有因懒惰而成功的人。虽然勤劳并不一定能获得令人瞩目的巨大成功,但人们如果辛勤工作,却能够获得个人最大限度的成功。

勤劳或懒惰不是天生的,很少有人一生下来就是辛勤的工作者,也很少有人是天生的懒虫,大多数人的勤劳或懒惰都是后天的,是习性所致。此外,孩童时期的家庭环境以及所受的教育,也都有很大的影响。

生活中，青春期男孩要养成勤劳的习惯，可尝试做下列事情：
1. 自己的事自己做，比如洗衣服、刷鞋、收拾房间等。
2. 在学校里，多参加劳动；或走出校园，进行社会实践、公益活动。
3. 假期里打一份工，锻炼自己。
4. 去农村、山区体验生活，认识"勤劳"的价值。

培养果敢的性格

一进门李可就把自己摔在床上，一动不动地趴在那儿。这次的特长生申报就这样泡汤了。李可是一名高三的学生，面对高考的压力，学校的特长生申请无疑给他不甚宽广的前途照进了希望的曙光。

半个月以前，李可接到学校的通知这届的高三学生可以申请特长生。李可兴奋了许久，他知道这样的机会无疑使他离考上自己心目中理想大学的目标更近。其实李可是个多才多艺的孩子，他学过一段时间的美术，而在音乐方面的天分也是亲朋好友们公认的。

但现在这样的优越条件竟然成了李可的一块心病，他觉得考美术比较好，但又不想放弃用音乐实现自己梦想的机会。于是整整一星期的时间过去了李可还在犹豫到底应该以音乐的特长申报推荐生还是以美术的特长申报推荐生。如果选音乐作为特长，李可还是有些担心的，因为毕竟申报的人很多，那么把音乐作为特长的自然不在少数。他在音乐这方面最多算是有天分，但和那些受过专业老师指导的比自然还是矮上一截的。但如果选择了以美术作为特长，虽说是自己系统地学习过，但放弃了一个展示音乐才能的机会也很可惜。李可之前听很多同学和长辈们说过，来选拔推荐生的主考都是某一领域里有头有脸的人物，他想要是能申报音乐的特长生说不定他们会看在他的天分上破格录取呢。

就这样，时间在李可不断的纠结中只剩下最后的三天，李可急得像热锅上的蚂蚁。最后只好强迫自己静下心来分析利弊，最后决定稳中求胜申报美术的特长生。但是由于时间紧迫所以剩下的准备时间就很有限，许多申报的同学从一开始就决定了报哪个方面的特长生，所以准备得很充分。李可在决定上浪费了太多时间以至于没有做好充分的准备。所以在最后的推荐生考试中没有被选中。

试想如果在当初的选择上李可没有犹豫不决，那么他成功录取为推荐生的机会是不是会大很多？

给男孩的悄悄话

现实生活中，常听到男孩子们说"我要早下决心，那个机会就是我的了"之类的话。为什么会这样呢？因为他们做事不够果断、总是犹豫不决。

有一位作家说过："世界上最可怜又最可恨的人，莫过于那些总是瞻前顾后、不知取舍的人，莫过于那些不敢承担风险、彷徨犹豫的人，莫过于那些无法忍受压力、犹豫不决的人，莫过于那些容易受他人影响、没有自己主见的人,莫过于那些拈轻怕重、不思进取的人,莫过于那些从未感受到自身伟大内在力量的人。他们总是背信弃义、左右摇摆,最终自己毁坏了自己的名声,最终一事无成。"

凡事都要果断。一切的失败,都可以从拖延、犹豫不决和恐惧中找到一些答案。"果断"二字,看似容易,做起来很难。在没有想好对策之前犹豫不决还可以理解,想清楚了还在犹豫,这就是失败的一大诱因。

犹豫不决,只能使我们的行动受到无限期地拖延,最终使我们什么都做不了,更谈不上成功,结果只能是望洋兴叹。如果你发现了已经来临的机会,那么千万不要犹豫,该出手时就出手,果断出击抓住它,那么收获就会伴随而来。

生活中,青春期男孩怎样告别优柔寡断的坏习惯呢?

1. 着重培养自信、自主、自强、自立的勇气和信心,培养性格中意志独立性的良好品质。

2. 不要追求尽善尽美。金无足赤,人无完人,只要不违背大原则,就可以决定取舍。

3. 有胆有识。心理学认为,人的决策水平与其所具有的知识经验有很大的相关。一个人的知识经验越丰富,其决策水平就越高;反之则越低。

4. 凡事预则立,不预则废。平时经常开动脑筋,勤学多思,是关键时刻有主见的前提和基础。

5. 遇事要冷静。排除外界干扰和暗示,稳定情绪,由此及彼、由表及里地仔细分析,有助于培养果断的意志。

不做孤独的男孩

施皓一直很少和同学们交往,爱好文学的他认为自己是个忧郁的诗人,每天躲在孤独的角落里写那些忧伤的文字才是他的生活写照。有时候,他也会因为孤单而觉得自己一个人不够阳光。但是大部分时候,他还是比较享受这样的生活状态,有点阴郁的忧伤。

一件事情改变了施皓的看法,从他开始感觉到集体和朋友的温暖之后,他不再喜欢那种阴郁的状态,他开始喜欢有朋友的温暖阳光照耀的生活。

突发事件是他下楼的时候扭伤了脚踝,没法去学校上课的他,开始抱怨自己的生活,认为自己就是倒霉,这样落下的功课要是回学校再补就要费力多了。正在他抱怨的时候,他家的门被敲开了,是班上的三个同学。

施皓诧异地看着他们,三个同学,施皓只和其中的一个人比较熟悉,就是见了面还可以打个招呼聊聊天的那种,其他两个都是那种只知道大家是一个班,但是还没说过话的那种关系。他们居然来给自己补习功课。

既然人家好心来了,施皓也不好拒绝,而且他正愁着自己去学校了再重新补课很浪费时间。既然人家热心,他就欣然接受大家的好意算了。

以后每天放学，都有同学来他家帮他讲白天上课讲的内容。每天都是不同的同学结伴而来。施妈妈留他们在家吃饭，他们都婉言拒绝。施皓在家休息了十天，全班同学几乎都来过了。施妈妈看着儿子这么好的人缘，每天心里都乐开花了。

十天的时间，通过每天来给施皓补课，同学都慢慢地和施皓熟悉起来。以前这个忧郁的小诗人现在也开始和大家打成一片，开始真正融入这个集体。每天和大家一起聊天，讨论问题，和大家一起参加活动，不再躲在角落里一个人体验孤单的生活。

他的小诗集里现在充满了来自友谊的阳光。

给男孩的悄悄话

生活中，许多正处于青春期的男孩性格孤僻、害怕交往，常常觉得自己是茫茫大海上的一叶孤舟，或顾影自怜，或无病呻吟。他们不愿投入火热的生活，却又抱怨别人不理解自己，不接纳自己。心理学家将这种心理状态称为闭锁心理，把因此而生的一种感到与世隔离、孤单寂寞的情绪体验称之为孤独。

孤独产生的原因多而复杂，比如学习上的挫折，缺乏与异性的交往，失去父母的挚爱，周围没有朋友等。此外，孤独的产生也与人的性格有关，比如有的人情绪易变，常常大起大落，容易得罪别人，因而使自己陷入一种孤独的状态；还有的人善于算计，凡事总爱斤斤计较，考虑个人的得失太重，因此造成了人际交往的障碍。

孤独给人们带来的是种种消极的体验，如沮丧、失助、抑郁、烦躁、自卑、绝望等，因此孤独对人体健康有很大的危害。据统计，身体健康但精神孤独的人在十年之中的死亡数量要比那些身体健康而合群的人死亡数多一倍。人的精神孤独所引起的死亡率与吸烟、肥胖症、高血压引起的死亡率一样高。

以下是一些孤独心理的预警级心理活动：

1. 即使在欢快的场合，也很难被当时的气氛感染，仍然认为自己很孤单。
2. 觉得大多数人很难沟通，认为别人都不理解自己。
3. 过于内向，有什么心事没有一个能倾诉的人。
4. 认为人们都各怀鬼胎，不值得信任。
5. 心里很希望别人来接近你，但是自己却不采取主动。
6. 觉得自己是个多余的人。

一般来说，人的天性是不能忍受长期孤独的，但是有的人自己将自己推至了孤独的境地。

其实孤独并不可怕。一生之中，每个人都会或多或少地体验到孤独感。以下是克服孤独感的一些方法：

1. 战胜自卑。只有咬破自卑心理织成的茧，你才能冲出黑暗，远离孤独。
2. 为他人做点什么，让自己受欢迎。
3. 多交一些知心朋友，交流之中，你能够体会到友谊的温暖。
4. 多参与外界活动，开阔心胸。
5. 培养一些课余爱好，从中获得乐趣。

从干家务活中培养自理能力

于远的爸爸妈妈从小就对孩子有一个简单的要求,与学习无关,理论无关——每天做点家务,周末帮妈妈一起收拾、打扫。这个要求在同龄的孩子中算是"稀罕"的了。在于远的班里,几乎所有同学都有着会给他们包办一切事情的家庭,父母都希望孩子能够在有限的时间内学习尽可能多的文化知识,而不被任何事情"分心"。但其实于远的成绩一点也不比那些孩子差,还兼有能力和魄力,又关心同学,一直是典范型的学生。

由于于远的优异表现,家长会上,老师让于爸爸于妈妈讲讲培养孩子的心得。

"我们其实没做什么,除了教他学会生活,身为父母,我们并不能决定他的未来。"

"我们一直听孩子说,你们常让孩子做家务。孩子的课业负担那么重,你们怎么能保证他有足够的学习时间呢?"一名家长这样问到。

"学习的时间是他自己的,我们不考虑这个问题。我们必须意识到,以后孩子入社会之后,需要他们处理的杂事会更多,远远多于他现在做的这么一点家务。如果现在不培养,那么即使他们上了好大学,依旧是一个不会生活的人,相当于重新起步。家长要做的是让孩子学会生活,不仅仅是学会学习。"

听了这番话,连老师也忍不住点了点头。"确实,"他说,"于远的生活能力很强,在孩子们中间他可以扮演任何的角色。也正是因为这样的教育,他能够非常妥当地处理学习和生活的关系,在各个方面都能做得有条不紊。"

给男孩的悄悄话

生活中,一些男孩很少干家务活,甚至连最基本的生活自理能力都没有。他们早起不叠被子,床上、桌上乱七八糟,不会洗衣,不会做饭、烧菜,光是吃现成的,穿现成的,很少主动擦(扫)地、打水、收拾屋子……养成了一种"小皇帝""少爷""小姐"的习气。他们常常理直气壮地说:现在的任务是专心念书,上大学,家务劳动那些生活琐事,干不干无关紧要。

其实正如古人所说:"一屋不扫,何以扫天下?"干家务活虽是小事,但做些力所能及的家务活,对青少年的责任感、适应能力、生存能力、良好习惯的培养都起着潜移默化的作用。

青少年多干些家务活,有许多益处:

首先,可以提高自己的独立生活能力。要想获得生活上的自立、自理能力,最好的办法就是和父母分担家务劳动。

其次,可以培养良好的意志品质,培养克服困难的精神。这对于今后的学习和工作都是十分有益的。

再次,可以培养关心他人的品质,促进家庭和睦。

另外,干家务活有利于开发智力,促进智能的提高,有助于创造力和实际操作能力的发展。

生活中,家务活范围很广,包括:扫地、抹桌子、拖地、叠被子、整理房间、做饭、买菜、洗衣服等。青少年怎样才能使自己乐于干家务活呢?

首先,要端正做家务的认识。我们对做家务有几种认识:一种认为做家务是父母的事,我们不必做家务;第二种认为我们的主要任务是学习,做家务会影响学习,所以做家务不是我们的事;第三种认为做家务太平凡,没出息,要做就做大事,不做小事。这几种认识都是错误的,错就错在对做家务的重要意义认识不足。

做家务是对家庭的一种贡献、一种责任。一个人从小就没有这种奉献精神和责任的人,将会对社会和国家做出什么贡献?不愿负责的人,将会对社会和国家做出什么贡献,尽到什么责任?做家务看起来是小事,实际上小事里包含着大事,连一点点小事都不肯去做,怎么可能把大事做好呢?

总之,只有端正对做家务的认识,才有可能愿意去做、乐意去做家务。其次,掌握一些做家务的方法,掌握一些生活小窍门,是大有好处的。

做个幽默的男孩

接待美国中学生交流团的任务结束了,鲁浩南同学作为学生代表,也长出了一口气。由于这次是两个学校的联谊,两个学校为了锻炼学生们的社交能力,决定学生们的工作都交由他们各自负责,包括联系外界,以及各项活动安排都由学生自己完成,老师们除了必要的协助外,基本不插手此项任务。

外语水平较好的鲁浩南接到的是接待任务,作为队长的他,还有 10 个英语口语较好的队员,将负责美国中学生的基本接待和交流,以及美国学生来了之后,各项活动的陪同。浩南虽然英语水平高,但是真的这么正式接待外国学生还是第一次,到目前为止,他还从来没有和外国人说过话呢。

现在是个很好的锻炼机会,当然也面临着巨大的挑战。他们 11 个人开了个小会,会议决定,为了展现中国学生的风采,他们将全力以赴地做好接待工作。

美国学生们来了。浩南带着大家去迎接,安排 30 个学生的住宿,对方的负责人也是一个学生代表,为了来中国,还专门学了几句汉语,和浩南他们见面后,听到了浩南流利的英语,松了口气,也开始用英语进行交流。队员们语言关基本通过,但是还是有些拘谨,不好意思和那些外国学生打招呼,那些美国学生倒是很热情,但是队员们都还处于人家问一句,他们回答一句的紧张状态。

浩南为了鼓励大家,首先带头给其中一个美国同学讲起了自己在准备这次接待活动中的一些趣事,这样逗得那些美国学生哈哈大笑,两方之间的气氛一下子从很严肃变得轻松了许多。那些美国同学也放松了下来,两拨人聊起了各自的学习和生活。在浩南的带动下,其他同学也和那些美国来的同学们打成一片,一群不同肤色,不同面容的孩子们一下子就熟悉起来,很快成了朋友。

后来有个美国同学还写信给浩南,说他是幽默的男孩,跟他聊天轻松又有趣，和他们听说中国学生都很拘谨的印象一点也不一样。

给男孩的悄悄话

你是一个像浩南那样幽默的男孩吗？

在社会生活中，幽默是无处不在的。幽默是语言的润滑剂，如果你善于灵活运用，必将为你的生活带来无穷的轻松和乐趣。

幽默是人际交往中的磁石，可以将你周围的人吸引到你身边来；幽默也是转换器，可以将痛苦转化为欢乐，将烦闷转化为欢畅。每个人都喜欢与机智幽默的人做朋友，而不情愿与忧郁沉闷、呆板木讷的人交往。

首先，幽默可以缓解冲突。

人际交往中，磕磕碰碰在所难免，遇到棘手的问题或尴尬的场面，恰当地运用幽默，能产生神奇的效果。

青春期男孩在运用幽默口才时应注意以下几个问题：

1. 要注意场合。

因在不适当的场合展示所谓的幽默，会造成不良的影响，甚至是严重后果。

2. 其次要区别对象。

就像音乐是给会欣赏音乐的人听的，绘画是给会品味绘画的人看的一样，找错了对象的幽默难免会造成双方的难堪。

3. 与残疾人开玩笑要注意避讳。

拿他人的缺陷、不足开玩笑，会伤害对方。

4. 内容要健康，格调应高雅。

5. 态度要友善。冷嘲热讽地开玩笑,别人会产生反感。

6. 和异性、不同辈分的人开玩笑要适当,"荤段子"不可说。

7. 不可板着脸开玩笑。

8. 不要以为捉弄他人也是幽默。别人会误以为你是恶意的而令你祸从口出。

9. 不可总大大咧咧地开玩笑,让人觉得你不够成熟、踏实、庄重。

正如拉布所说,"幽默是生活波涛中的救生圈。"幽默能够营造一个轻松、诙谐的谈话和交往氛围,能让人在紧张的环境中得以放松,能愉悦人的心情,也能够抚平生活中出现的波涛和褶皱。既然幽默有这么多的好处,何不学着成为一个能带给身边人快乐的幽默大师呢?

守护你做人的尊严

黄同光终于还是忍无可忍了。当那个"王子哥"又开始"耀武扬威"时,大家都知道,又一场"心理战"开始了……

"王子哥"是二班有名的"公子"级人物。由于家庭经济特别富裕的原因,"王子哥"每天上下课有专车接送,在家有保姆打理,自然养成了高高在上的优越感。这种优越感在他那个事事惯着他的家里倒是没什么特别,但在学校里,自然引起同学的不满。

这一次,"王子哥"依旧像往常一样,随手拿了后桌黄同光的书就翻起来。翻着翻着一不小心扯下一页来，好学生黄同光保养得干干净净的书就这么生生少了一页。黄同光一看就急了："你就不能小心一点吗？""怒什么，不就是本书么，给你钱。"说着甩出二十块钱来，满脸不屑地看了黄同光一眼。

周围的同学都愣住了。虽说"王子哥"一向高傲，自视清高，"了不起"得很，但甩出钱来"明晃晃"地摆阔还是头一次。这一举动，无疑对黄同光是莫大的侮辱，平日里从不发火的黄终于也忍无可忍，立即从位置上站起来，把钱甩回给"王子哥"，厉声便道："没人要你的钱！钱能买，尊严不能卖。"

给男孩的悄悄话

自尊，也称自尊心，是一种自己尊重自己、爱护自己，并期望受到他人和社会的尊重与爱护的心理。自尊心是人们前进的动力，是一种积极的心理品质。

古人曾说："欲人尊我，必先自尊，欲人重我，必先自重。"古往今来，守护尊严的事例不胜枚举。孟老夫子不满齐宣王的无礼，故意装病不见他；饥民耻于吃嗟来之食；陶渊明不为五斗米折腰……

"人不可有傲气，但不可无傲骨"，至今仍如黄钟大吕，回响在青少年耳边。

一个人，即使是一个弱者，如果能唤醒自己心底的尊严，他将会获得重新积聚力量的机会和重新审视自己的能力。

生活中，许多青春期男孩希望父母不要在客人面前说自己的缺点，反感大人（包括父母、老师）居高临下地训斥自己，希望大人有事与自己商量解决,重视他人对自己的评价,重视自身的穿戴、言行,这都是自尊的表现形式。它有利于优化自己,提升自己。

自尊,是人的一种美德,是无价的,是人最珍贵的、最高尚的东西,因此,我们可以贫穷,但我们不能失去做人的尊严。

一个人如果没有自尊,他就会自卑,就不会爱惜自己,就会自暴自弃,什么也干不成。

一个人如果没有自尊,就不会自重自敬,就会盲目服从,人云亦云,没有自己独立的思想和主见,因此,其骨子里散发的就只有"奴气"。如此的人,怎么让人正视、尊重?"自敬,则人敬之;自慢,则人慢之。"这是一条千古不灭的真理。

当然,自尊不等于唯我独尊,不等于刚愎自用,更不等于自负、自夸、自命清高。一个人若总是过于自爱自贵,最后总会遭受失败。

青春期的男孩们,无论今后是春风得意,还是贫困、潦倒,你都要保持做人的尊严,唯有你自己自爱、自尊、自敬,才会得到他人的尊敬。因为你把自己看成什么样的人,你在别人的眼里就是什么样的人。

把握善良的分寸

韩云超现在很苦恼一件事情:他觉得自己太善良了,以至于他的好朋友现在太依赖他了,这样的依赖让他的心理很累,就像是背负了巨大的心里重担。

云超和聪聪是从小一起长大的,而且他们从小学到现在一直都在一个班,他们都认为这段友谊可以天荒地老。云超相对来说比较强壮，比较外向，而聪聪内向、腼腆，这样很多时候都是云超在照顾着聪聪。他们一起去学校报到的那天，都是云超报名交材料，聪聪就跟在他后面。

习惯了照顾聪聪的云超也觉得没有什么大不了的。但是现在他苦恼的是，一旦自己跟别的同学关系好了，或者有事不能帮助聪聪做一些事情的时候。聪聪就对他发火，说他不在乎这段友谊，说他侵害了他们多年的交情。开始的时候云超哭笑不得，现在已经被聪聪折磨久了，也就开始有些厌烦了。云超从小照顾聪聪，但是中学里，很多同学都可以交往，很多事情都需要自己去完成，聪聪一直要他帮忙，云超觉得自己很累。

云超和别的朋友倾诉的时候，朋友告诉他，是因为他的善良过了火，现在才把聪聪惯成这样的，所以现在就不要对他那么好，好像自己是个忠实的仆人。

云超觉得朋友说的也有道理，自己一直就是充当一个保护者的身份，但是他也是一样的学生，他没有那么多超能力完成聪聪的心愿，这也是他们有矛盾的原因。

云超想对朋友好，但是朋友的要求已经超出了他的范围。看来他们需要修正这段友谊的模式了。

给男孩的悄悄话

很多看到这个故事的人，尤其是涉世未深却很讲究"义气"的青春期男孩可能会认为云超是将友谊看成了生命中最重要的东西，他对聪聪够朋友,过错应该全部归结于聪聪。这样说似乎也合情合理。但是回过头来想一想,难道云超就不需要为这样的结局承担责任吗?

如果一个人在考虑任何事情的时候都以自己的利益为出发点,那么也许这个人在别人眼里会有点自私。如果走向另一个极端,考虑任何事情都把自己排除在外,那样的结局也不会都像自己期待的那样美好。

人常说,"爱己才能爱人"。善良不仅可以表现为为对方做好事,而且也应该首先表现为对自己的关爱。不错,善良是一种良好的心态,也是一个人获得他人尊重的前提,但是表达善良也应该存在一个尺度,无限度地盲目地奉献自己,到头来很可能会迷失了自己。

"做人要做善良的人",这是公理。但是在表达自己的善良时,也要把握一定的分寸。为了做到与人为善,请务必抑制自己过分行善的欲望。

理解责任的真意

林立是足球队的一员。这一次球队输了,原因是林立与队友张贺闹了矛盾,关键时刻愣是没传球给他。

球队输了,大家都垂头丧气,但没人知道最后那一球的失误是怎么回事,也没人知道那两人在闹矛盾。只顾着唉声叹气,谁也没有注意到,张贺怒目瞪了林立好几眼。林立呢,其实心里可不是滋味了。球队本是个很愉快的群体,大家互相照顾,都是铁哥们儿，跟张贺的矛盾纯属意外，但他心里也清楚，这情绪本就不该带到球场上来。不论怎么给自己找借口，他也没法不自责——这次输球，主要原因就在于自己。

可是如果坦白了这错误，会不会被大家排斥呢？大家这么看重这么努力准备的一场球赛，就因为自己的"私人恩怨"而落败，怎么想自己也是犯了大错。如何能取得原谅呢，唉……

思来想去，林立几晚没睡好，越想越觉得自己没骨气。既然错是自己造成的，为什么不敢承认呢。

他找来队友们："兄弟们，我叫大家来，是想道歉。上回的球赛，都是我的错，若不是跟张贺闹矛盾还记仇，就不会输。这事确实责任在我，我自惭形秽，越想越觉得不该对兄弟们隐瞒，很抱歉！"

"傻小子，我们才不记仇呢，足球是个团队活，你有责任大家也有责任。况且你都这样认错了，我们还能怪罪你不成！大家都是兄弟，要一同努力啊。"

球队依旧每日练习，和张贺的矛盾也烟消云散，林立深深感到，一个人担起自己的责任有多重要。

给男孩的悄悄话

青春期男孩们，你能真正理解"责任"二字的含义和分量吗？

小时候，我们不小心打坏了东西，就把手背到身后说："不是我！"犯了错误却想逃避惩罚，这是人天生的毛病。长大了，我们甚至将这种毛病"发扬光大"，对自己的行为完全不负责任，经常主动犯错，然后设法逃避惩罚。那些沦为少年犯的人不都是这样的吗？

如果一个人乐意对自己的行为完全负责任，即使蒙受损失也不改变做人风格，那么为了避免损失，他会尽量预防失误，他的失误也因而越来越少，久之必然成为一个出类拔萃的人。所谓名人、权威、专家，不就是失误更少的人吗？无论在任何领域都是如此。

作家米兰·昆德拉说："一个人身上的担子越重，就越能感受到生活的充实和快乐。"每个人生存在这个世界上，都有着自己无法逃避的责任。作为儿女，要孝敬父母；作为职员，要努力工作；作为公民，要履行职责和义务；作为母亲，要养育儿女；作为父亲，要支撑家庭……

有些责任心淡薄的青少年以为一点疏忽、一个失误、一种毛病无关紧要，那么想一想这些小事的后果：

急着下班回家的护士为病人输错了液；一个大大咧咧的工人在易燃品堆放仓库中随手丢下烟头；疲倦的财务人员在汇款时写错了一个账号；水泥厂一批不达标的产品被不负责的建筑公司用作一所学校的建筑材料……

习惯于逃避责任的男孩认为，责任会压得自己失去力气，其实使我们失去力气的不是责任，而是我们对责任的误解。在这种情况下，责任变成负担、生活变成苦役，于是生命的全部意义就是放弃和逃避。而最终，我们没有得到本来可以得到的快乐和幸福，我们的人生失去了应有的价值和意义。

责任使男孩能够时刻谨记生活目标，责任使男孩未来的事业更富于成就、家庭更加美满，责任体现了生命的全部意义。你将来的生活是否幸福，未来的事业是否有成，完全取决于对自己负责的程度。

做生活的勇者

"叶文浩，这次演讲比赛你上吧，学得这样好，可不能浪费了才能。"下课后老师叫住叶文浩，跟他"布置"了演讲比赛的任务。

"老师，我……老师我还是不上了吧，我不适合演讲的……"

"别紧张啊，只要像写作文那样就好了，你作文写得这么好，演讲也没问题的。大大方方去说就可以了！就这么定了啊，你晚上写一份演讲稿，话题就在这张纸上，自己挑一个。明天把演讲稿带给我看看吧，我帮你改改就行。"

叶文浩对着这演讲题目瞠口呆。老师的期望着实让他受宠若惊，但对演讲他实在是丝毫没有把握。叶文浩的英语水平在班里也算有名了，每次考试几乎都拿第一，作文也常被当成范文。论口语，其实也不赖，发音算是标准了，只是很少开口说。叶文浩这人就一毛病：怯场得很，不善于在公众场合讲话。

老师是打定主意让自己参赛了，怎么办呢？想到台下几千双眼睛会盯着自己，叶文浩觉得浑身不自在。"唉，怎么推脱啊，唉……"他叹了一晚的气，写了篇演讲稿，战战兢兢地去交给老师，又嘟嘟囔囔地推脱了一番。"老师这演讲稿，您让别人去念吧，我……实在不行啊。"

"不试试怎么知道啊，你的口语绝对没有问题啊，只是看能不能克服心理障碍了。你想啊，第一次上台的人，有几个是不紧张的呢?为什么别人有勇气上台,你就没勇气?论实力,你完全不必要担心;论信心,有那么多人都寄希望于你呢!不跨出第一步,就永远不可能跨出去,但要是跨出去了,你会觉得其实一切都简单得很!"

……

当台下掌声雷动的时候,叶文浩明白了,"为什么不能鼓起勇气呢?只要跨出去第一步,一切其实都很简单了!"

给男孩的悄悄话

许多男孩都爱看海明威的《老人与海》,主人公桑提亚哥独自出海第85天,才钓到一条大鱼,并与它较量了3天。虽然鲨鱼最终把鱼肉吃掉了,但书中那句"一个人可以被毁灭,但他永远不会被打败"却刻骨铭心,令人难忘。

的确,一个永不丧失勇气的人是永远不会被打败的。就像大诗人弥尔顿说的:

即使土地丧失了,那有什么关系。

即使所有的东西都丧失了,

但不可被征服的志愿和勇气

是永远不会屈服的。

一个勇者,有能压倒一切的信念,相信自己可以面对一切紧急状况,处理一切障碍,并能控制任何局面,敢于穿越重重险阻,历经磨难走向成功。

"我曾经是个战斗者——进行了很多的战斗——成为最好的一个和最后的一个!"勃朗宁说。值得一读的人类历史更是充满了有关勇气、磨难、胆量、坚定和那些大多数人认为不可能克服的困难的故事。这个世界上的大多数杰出者都曾经做过或者正在做着一些在常人看来不能成就的事情。这就是他们会成为真正的杰出者的原因。

畏惧虽然阻碍着人们力量的发挥和生活质量的提高,但它并非不可战胜。只要青少年朋友能够积极地行动起来,有意识地纠正自己的畏惧心理,那它就不会再成为我们的威胁。

勇敢的思想和坚定的信心是治疗畏惧的天然药物,勇敢和信心能够中和畏惧思想,如同化学家通过在酸溶液里加一点碱,就可以降低酸的腐蚀力一样。

西方的一位哲人说:"迎头搏击才能前进,勇气减轻了命运的打击。"中国也有一句古话"狭路相逢勇者胜",人的勇气和胆识是在屡败屡战中锻炼出来的,也是自己给自己灌输的。鼓足勇气,直视困难,你会发掘出抵抗逆境的强大力量。

勇敢的态度,无论是对事还是对人都有一种极强的穿透力,如果你与生俱来就有这种品性,那么很值得恭贺;如果你还没有养成这种性格,那么尽快培养吧,人生很需要它!

以下为青春期男孩提供一个"培养勇敢"计划:

1.不依赖他人,学会独立生活。比如夜间独自上厕所,自己到奶站取牛奶,等等。

2.尝试一些需要胆量的事情。比如为同学们唱一首歌,在公众面前来一次演讲,学习游泳,参与"野外生存"活动等。

3.与胆大勇敢的同伴多接触,模仿其言行举止,锻炼自己。

4.多给自己打气。比如告诉自己:"我能行!""他能做好,我也可以!"

为自己种下诚实的种子

拿到卷子以后,于光激动得很,成绩平平的他总算勉强拿到90分了!发完卷子老师开始讲解试题,于光兴致勃勃,很是得意。

"下一题,答案是C,谁来讲解一下解题步骤……"

"啊?……"

于光的前桌扭过头:"怎么了?"

"没,没什么……"于光试卷上大大的"B"和老师打的勾让他突然忐忑不安起来。"老师判错卷子,同学也不知道,没关系吧……这可是个难得的90分啊……"心理矛盾激烈得很,惹得于光后半堂课什么也没听进去。回家的路上他捏着这试卷挣扎着想着要如何跟爸爸妈妈汇报呢……"这可是个难得的90分啊!"他不停地嘀咕着,很明显,难得的90分对于光来说实在是不忍心轻易丢掉,何况选择题一道也不过两分……减去两分,88分,虽说差不了多少,却终究有点失落。

到家门口,他本想"泰然自若"地进门与爸妈汇报,不料突然停下来,觉得浑身不自在。他想,这一来,我岂不是跟作弊没什么两样了吗?90分或者88分没什么大不了的啊……唉,下次再努力考90不就得了。这要是这么得到90分,也太不光明磊落了!

那晚,于光没把卷子交给爸爸妈妈看。第二天他找到老师改了分数，高高兴兴地回了家，一身轻松地汇报了 88 分的测试结果。不就是个 90 分么，有的是机会呢，可是诚实这件事，违背一次就给自己沾上了个污点了。

给男孩的悄悄话

　　诚实是衡量人品行是否高尚的一把尺子，这把尺子适用于所有人。诚实不仅是一个人品行的证明，同时它还能使人树立起对家庭、对工作、对朋友、对社会的强烈责任感。因此不管时代怎样发展，不管社会怎样变迁，青少年朋友们都不要忘记：诚实是做人的根本。诚实是一切美德的根本，要获得别人的信任与尊重，你首先应该做到诚实。因为欺骗别人的人，他最终会为人所识破、疏远，甚至遭到鄙弃。

　　19 世纪英国浪漫主义运动的哲理诗人塞缪尔·科尔里奇曾教导自己的儿子：

　　"你不要去做那些眼睛所不能看见的任何事情，也就是我和你同在的时候你不愿意去做的那些事情。当你做错什么事情的时候，就应该像个男子汉似的立刻去承认错误。你的抱歉也许体现出你的愚拙，但是别人却能够猜测得到你是一个非常诚实的人。一克诚实，要远比一磅智慧强得多。我们可能因某人的聪明和智慧而羡慕他，但我们更因他所具有的美好品质而尊敬他、爱戴他。坚持真理、襟怀坦荡、以诚待人、朴实无华，是造就美好的基石。"

　　在任何情形下都有诚实的美誉，这样的人，在学校里会得到师生们的喜爱，在公司里会得到老板的重视，在朋友圈里会获得好人缘，在社会上会成为一个受人尊重的成功人士。

那些不坚持诚实,没有绝对正直品德的人是很危险的。他们在平时也许是愿意站在正直的一方面的,但是一旦关系到自己的利益,比如在金钱面前、在名誉面前、在升职面前……他们就要离开正直,就要不说正直话,不做正直事了。

因此很多人常在事情发生以后才悟到,欺骗的行为是不可靠的,是必定要失败的!

从小就做一个诚实的人,你所收获的将比别人更多。

生活中,青春期男孩应注意以下两点:

1. 当向父母、老师、朋友撒谎后,应及时道歉、说明缘由,以求原谅。

2. 准备一个"谎言本",时常记录、翻阅,来警醒自己。

保持谦逊

一个月前,严旭在历史考试中拿了个 98 分,一个月后,严旭的卷子上写的是一个鲜红的 80 分。退步的幅度让严旭有些接受不了,他拿着卷子左看右看,最后发现错的题都太不应该。

放假后,严旭战战兢兢地把卷子递给妈妈。"……错了的,其实都会的,太粗心了……""粗心可不是主要原因,"妈妈摇摇头,"记得上回考 98 分的时候你怎么说的吗?你说,历史多简单啊,根本不需要使劲。这 80 分就是后果。当你一直给自己暗示说,历史很简单的时候,你就自然忽视了细节了。所谓粗心,本是可以避免的,只是你给自己懒惰了。这惰性,其实就是你的骄傲自得啊!你仔细想想,一张 98 分的卷子,能代表什么呢?一次考试只是你这一阶段还算认真,这次考试还算严肃对待罢了。要说实力,周围考 95 分、97 分的同学,都不输于你啊。"

严旭低下头,不敢吱声了。"我知道……上回考完,太得意忘形了,这个月也没太认真,该记的没好好背……所以……"

"认识错误就好,一个人要是太容易满足现状,就容易下滑。你想啊,一个在攀登的人,如果他总是想着,这个高度就够了,那手一松,不就立刻坠下去了么?而他要是一直告诉自己,'还是不够,还是不够',那他就能继续奋力,对不对?"

严旭点点头。要想继续往上攀爬,就要知道,学无止境。

给男孩的悄悄话

古人云:"满招损,谦受益。"一个谦逊的人,懂得人生无止境,事业无止境,知识无止境。

为了启发人们谦虚处世,俄国作家列夫·托尔斯泰也打了一个很有意义的比方:"一个人就好像是一个分数,他的实际才能好比分子,而他对自己的估价好比分母,分母越大,则分数的值越小。"

一个人不管自己有多丰富的知识,取得多大的成绩,推而广之,或是有了何等显赫的地位,都要谦虚谨慎,不能自视过高。应心胸宽广,博采众长,不断地丰富自己的知识,增强自己的本领,进而创出更大的业绩。如能这样,则于己、于人、于社会都有益处。

由于骄傲,"力拔山兮气盖世"的项羽,最终败在了他所轻视的刘邦手下；由于自大，"过五关斩六将"的关羽败走麦城。

"月盈则亏，水满则溢。"谦逊不是要我们觉得自己渺小，而是为了更好地了解自己，给自己一个准确的定位，并能发挥自己的特长，规避自己的弱点，成就自己的人生。

所以，人立身处世，必须谦虚谨慎，温良恭让，善于隐匿，虚怀若谷，不矜功自伐，不肆意张扬，这样才能很好地保护自己，并受到别人的欢迎和拥戴。

生活中，青春期男孩如何保持谦逊呢？

1. 诚恳地对待每一个人。
2. 了解别人的优点，同时学会理解别人的不足。
3. 建立内在的自我价值，任谁的打击都不要动摇。
4. 即使自己的确才学过人，也要顾及他人的自尊。记住：尺有所短，寸有所长，别人未必没有比你强的地方。

做个有自控力的男孩

13岁的何松，虽然上八年级了，可他却像一个小学四五年级的小学生一样，上课的时候，常常克制不住自己。在课堂上不是与同桌讲话，就是在抽屉里看自己的漫画书，很少能认真地听老师讲课。周边的同学也不断地向老师说："老师，上课的时候何松经常与同桌讲话，而且很大声，已经影响到我们听课。""老师，上课的时候何松经常动我俩的课桌，我和同桌都不好写作业了。"

在老师的眼里，何松是一个十分聪明的孩子，活泼好动，但常常缺乏自制力，上课的时候经常管不住自己，上课前五分钟还能专心致志地听讲，五分钟过后就开始坐不住，管不住自己了。下课的时候，老师把何松叫到了教室的走廊处，对他说："据老师观察，你上课的时候有点开小差哦！上课的时候要认真听讲，影响到其他同学听课就不太好了。""老师，我知道自己这样做不对，可我没有办法约束自己，我该怎么办呢？我很想改掉自己的这一坏毛病。"

老师笑了笑，说："你知道自己缺乏自制力就已经是一个很大的进步了，培养自己的自制力，学会约束自己，确实比较困难，但是只要我们持之以恒，就一定能克服的。"何松点了点头。"那好，现在我们为自己制定一个小目标，每节课坚持10分钟认真听讲，一个星期过后，再坚持15分钟，慢慢地养成认真听课的好习惯，一步一步地学会约束自己，心中无数遍告诉自己，一定能行的。"何松按着老师帮他制订的计划，认真地实施了起来。刚开始，何松觉得很难坚持，但仍没有放松对自己的要求，一个星期过后，何松慢慢地觉得上课真有意思，原来生活中的常见的现象，能在课堂上找到答案，能得到解答。

何松的注意力完全被老师吸引了，课堂上的乐趣远远超过了抽屉里的漫画书。在老师的帮助下，何松不断地激励自己，学会了约束自己，增强了自制力。

给男孩的悄悄话

生活中，青春期男孩情绪丰富不稳，约束自己的能力较差。欲望与理智的矛盾常纠缠在一起，令人烦恼。想整天看电视，想打游戏，想上网，想买美食新衣，想拿别人的好东西……

由于身心的发展还不成熟，青少年容易被传播媒介中的暴力、迷信、色情内容诱惑，出现模仿和盲目崇拜的现象。

作为新时代的青少年，每个人都应随时随地地遵守社会的行为规范，懂得作为社会的一分子，都应约束自己的行为，不给他人造成伤害。唯有如此，我们的每个社会成员才可以享受平等、幸福的生活。

一个人要成就大的事业，不能随心所欲、感情用事，对自己的言行应有所克制，这样才能使较小的错误、缺点得到抑制，不致铸成大错。高尔基说："哪怕是对自己的一点小的克制，也会使人变得强而有力。"德国诗人歌德说："谁若游戏人生，他就一事无成，不能主宰自己，永远是一个奴隶。"要主宰自己，必须对自己有所约束、有所克制。

自制能力是在日常生活中和工作中善于控制自己情绪和约束自己言行的一种能力。一个意志坚强的人是能够自觉控制和调节自己言行的。如果一辆汽车光有发动机而没有方向盘和刹车的调节，汽车就会失去控制，不能避开路上的各种障碍，就有撞车的危险。一个想要有所成就的人如果缺乏自制力，就等于失去了方向盘和刹车，必然会"越轨"或"出格"，甚至"撞车""翻车"。

如果一个人有比较强的自制能力，那么这个人一定能够战胜自我，远离祸害，做到快快乐乐。如果不幸遇到祸害，他一定能够泰然处之，化祸为福。可见，自制对平安快乐的人生是极其重要的。

<<解决男孩的成长烦恼